KB160786

‖ 인문교양총서 35

쾌락에 대하여

●

전재원

저자 **전재원**__경북대학교 인문대학 철학과 강의교수

경북 안동 출생으로(1957) 대구에서 산격초등, 경일중, 대건고를 거쳐 경북대학교 철학과를 졸업하고(1981) 경북대학교 대학원 철학과에서 서양철학을 전공하여 문학 석사학위와(1983) 철학박사학위를(1993) 받았다. 「아리스토텔레스와 최고선」, 「아리스토텔레스의 삼단논법과 보에티우스의 삼단논법」, 「쾌락에 대한 인문학적 성찰」, 「심리적 쾌락 개념에 대한 논리적 분석」 등을 비롯한 35여 편의 논문과 『10개의 키워드로 이해하는 아리스토텔레스 철학』, 『로고스와 필로소피아』 등의 저서 및 『비형식 논리학』, 『기호논리학』, 『사회정치철학』 등의 번역서가 있다.

경북대 인문교양총서 ㉟

쾌락에 대하여

초판 인쇄 2018년 5월 16일
초판 발행 2018년 5월 28일

지은이 전재원
기 획 경북대학교 인문대학
펴낸이 이대현
편 집 홍혜정
디자인 안혜진
마케팅 박태훈 안현진

펴낸곳 도서출판 역락
주 소 서울시 서초구 동광로 46길 6-6 문창빌딩 2층
전 화 02-3409-2060(편집), 2058(마케팅) **팩 스** 02-3409-2059
등 록 1999년 4월 19일 제303-2002-000014호
전자우편 youkrack@hanmail.net **홈페이지** www.youkrackbooks.com
역락블로그 http://blog.naver.com/youkrack3888

ISBN 979-11-6244-217-3 04100
       978-89-5556-896-7 세트

* 책값은 뒤표지에 있습니다.
* 파본은 구입처에서 교환해 드립니다.

* 이 도서의 국립중앙도서관 출판시도서목록(CIP)은 서지정보유통지원시스템 홈페이지 (http://seoji.nl.go.kr)와 국가자료공동목록시스템(http://www.nl.go.kr/kolisnet)에서 이용하실 수 있습니다. (CIP제어번호 : CIP2018014539)

인문교양총서 035

쾌락에 대하여

전재원 지음

역락

  '쾌락'이라는 말을 들으면 대부분의 사람들은 육체적 쾌락을 떠올리고 그 중에서도 성적 쾌락을 떠올린다. 육체적 쾌락이라는 말은 우리의 신체가 어떤 자극을 받는 과정에서 혹은 그 결과로서 우리에게 주어지는 유쾌한 느낌을 의미한다. 사람들은 유쾌한 느낌을 즐기기 위하여 마약도 투여하고 술도 마시고 섹스도 한다. 물론 이 유쾌한 느낌은 심리적 현상 중의 하나이다. 육체적 쾌락이라는 말과 대비되는 말로 정신적 쾌락이라는 말이 있다. 정신적 쾌락이란 정신적 행위의 과정에서 혹은 그 결과로서 우리에게 주어지는 유쾌한 느낌을 의미한다. 음악을 감상하거나 책을 읽을 때 우리에게 주어지는 유쾌한 느낌은 정신적 쾌락이라고 할 수 있다. 금욕생활이나 수도생활을 할 때처럼 과정은 육체적으로 고통스럽다 하더라도 결과로서 유쾌한 느낌이 주어질 수 있는데, 이런 느낌도 정신적 쾌락의 범주에 들어갈 수 있다.
  철학의 역사에서는 육체적 쾌락이든 정신적 쾌락이든 모든 쾌락을 육체적 정신적 행위의 과정에서 혹은 그 결과로서 우리에게 주어지는 유쾌한 감각 내지 느낌으로 간주하는 경우가 자주 있었다. 이런 입장은 상식과도 잘 들어맞는 입장인데,

철학에서는 이러한 입장을 심리적 쾌락주의라고 한다. 심리적 쾌락주의자들은 육체적 쾌락이든 정신적 쾌락이든 쾌락을 추구하는 것은 인간의 근본적인 욕구이므로 쾌락이 인간의 삶의 목표라고 주장한다. 물론 쾌락이 삶의 목표라고 해서 쾌락을 과도하게 추구하는 것을 허용하는 것은 아니다. 왜냐하면 쾌락을 지나치게 추구하다보면 쾌락이 오히려 고통으로 바뀌기 때문이다. 이것을 '쾌락의 역설'이라고 한다.

고대 그리스에는 심리적 쾌락주의를 대표하는 두 개의 학파가 있었다. 하나는 퀴레네 학파이고 다른 하나는 에피쿠로스학파이다. 퀴레네 학파의 창시자는 소크라테스의 친구이자 제자였던 아리스티포스였다. 퀴레네 학파는 육체적 쾌락과 정신적 쾌락을 모두 인정하였다. 그 반면에 아리스토텔레스보다 43세 연하였던 에피쿠로스가 창시한 에피쿠로스학파는 육체적 쾌락보다는 정신적 쾌락을 더 강조하였다.

에피쿠로스학파가 사라진 후 서양에서는 심리적 쾌락주의가 약 2,000년 동안 아무런 발전을 하지 못하다가 18세기 영국의 공리주의 철학자들에 의하여 부활된다. 공리주의 철학자 벤담과 밀은 쾌락을 추구하고자 하는 것이 인간의 근본욕구라는 사실로부터 도덕적인 원리를 이끌어 낸다. 쾌락을 추구하려는 개인의 행위가 결과적으로 관계자 전체의 쾌락을 극대화하면 도덕적인 행위가 된다는 것이다. 이런 의미에서 벤담과 밀은 고대의 쾌락주의를 아주 세련된 형태로 윤리학에 적용시킨 사람들이라고 볼 수 있다.

다른 한편으로 철학의 역사에서는 쾌락이론가들도 있었다.

그 대표자가 바로 아리스토텔레스이다. 아리스토텔레스에 의하면, 심리적 쾌락주의자들이 '쾌락'이라고 부르는 것은 진정한 의미에서의 쾌락이 아니며 쾌락은 인간의 삶을 이끌어 가는 목적도 아니다. 왜냐하면 진정한 의미에서의 쾌락은 신체가 어떤 자극을 받거나 정신적 행위를 하는 과정에서 혹은 그 결과로서 우리에게 주어지는 유쾌한 느낌이 아니라, 육체적 활동이나 정신적 활동이 진리를 인식하거나 도덕성을 실현하는 방향으로 전개될 때 활동 그 자체에 수반되는 유쾌한 느낌일 뿐이기 때문이다.

이 책에서 우리는 쾌락주의 철학자인 아리스티포스와 에피쿠로스, 공리주의 철학자인 벤담과 밀의 심리적 쾌락 담론을 차례로 살펴본 후 쾌락이론가인 아리스토텔레스의 형이상학적 쾌락 담론과 그 의의에 대하여 살펴볼 것이다. 이 책의 말미에는 심리적 쾌락과 고통의 대립관계에 대한 논리적 분석이 부록으로 첨부되어 있다. 아리스토텔레스의 쾌락설과 부록은 필자의 논문과 필자의 다른 저서에 나오는 내용을 최대한 이해하기 쉽게 가공한 것임을 밝혀 둔다.

차례

제1장 아리스티포스

제1절 아리스티포스에 대하여

아리스티포스(Aristippos)에 대해서 오늘날 우리가 알고 있는 것들의 대부분은 3세기경에 살았던 디오게네스 라에르티오스(Diogenes Laertios)의 저서 『걸출한 철학자들의 생애』에서 유래한다. 물론 우리는 이 책에 나오는 모든 것을 믿을 수는 없다. 왜냐하면 디오게네스 라에르티오스는 그리스 철학의 황금기보다 약 500년 후에 살았던 인물이고 『걸출한 철학자들의 생애』는 잘 연구된 전기(傳記)라기보다 이야기 모음집에 가깝기 때문이다. 그

Aristippos of Cyrene

럼에도 불구하고 『걸출한 철학자들의 생애』는 그리스 철학사를 연구하기 위한 중요한 자료 중의 하나임은 분명하다. 디오게네스 라에르티오스는 아리스티포스의 생애를 다음과 같이 전하고 있다.

아리스티포스는 BC 435년 북아프리카의 고대 문명도시였던 퀴레네에서 태어나서 BC 355년경 죽었다. 아리스티포스는 30대 초반에 소크라테스의 명성에 이끌려 아테네로 가서 소크라테스의 제자가 되었다. 당시 소크라테스는 국가가 인정하는 신들을 믿지 않고 새로운 신들을 끌어들여 국법을 어겼을 뿐만 아니라 청년들을 타락시켰다는 이유로 기소되기 직전이었다. 따라서 아리스티포스가 아테네로 간 것은 일종의 모험이었을 것이다. 아리스티포스는 소크라테스의 공개 강의에 꼬박꼬박 참석했고, 소크라테스에게서 삶을 성찰하는 방법을 배웠을 것으로 보인다.

독자적인 철학적 입장을 내놓을 수 있게 되었을 때에 아리스티포스는 스승인 소크라테스의 가르침에서 벗어난다. 아리스티포스는 젊은 시절 아테네의 장터에서 강의했으며, 소피스트들과 마찬가지로 강의료를 받았다. 아리스티포스는 소크라테스의 제자 중에서 강의료를 받고 강의한 첫 번째 사람이었다. 아리스티포스는 소크라테스에게 이따금 돈을 보냈는데, 소크라테스는 이 돈이 자신을 모욕하는 것이라고 생각하여 되돌려 보냈다고 한다.

아리스티포스는 사치스럽고 호화로운 생활에 탐닉했다. 그는 또 생애의 대부분을 시라쿠사(오늘날의 이탈리아 시칠리아 섬에 있었던 도시국가)의 폭군 디오니시오스 1세의 궁궐에서 보냈다. 여기에서 아리스티포스는 선생 역할도 하면서 궁정 어릿광대 역할도 하는 이상한 직책을 맡고 있었다. 디오니시오스 1세가 어릿광대 역할을 요구했을 때, 아리스티포스는 왕을 즐겁게 하기 위하여 기꺼이 여장(女裝)을 하고 바보같이 춤을 추었다. 이 때문에 시노페의 디오게네스는 아리스티포스를 '왕의 개(아첨꾼)'라고 조롱하였다고 한다. 쾌락의 철학자 아리스티포스의 생애를 둘러싼 일화 중에서 약간 이상한 일화는 이 일화뿐이다.

시노페의 디오게네스가 야채를 씻다가 산책하는 아리스티포스를 보고 다음과 같이 조롱하였다고 한다. "야채로 식사하는 법을 배웠다면, 그대는 왕에게 아부하지 않았을 것이다." 이에 아리스티포스는 전혀 주저하지 않고 다음과 같이 응답했다고 한다. "사람들과 교제하는 방법을 알았다면, 그대는 야채를 씻고 있지 않았을 것이다."

시노페의 디오게네스는 퀴니코스 학파의 대표적 인물로 문명을 반대하고 자연적인 삶을 실천한 철학자로 유명한 사람이다. 그의 삶의 신조는 가능한 한 욕망을 적게 가지고, 수치심을 느끼지 않고, 스스로 만족하는 것이었다고 한다. 그는 이러한 삶의 신조를 실행하여 생애에 한 벌의 옷과 한 개의

지팡이와 자루를 메고 통 속에서 살았다고 한다. 견유학파(犬
儒學派)의 사람들을 가리키는 그리스어인 '퀴니코이'는 시노페
의 디오게네스가 통 속에서 살았기 때문에 '퀴노스'(개)라고
불린 데에서 나온 말이다. 당시 알렉산드로스 대왕이 그를 찾
아와 "원하는 것이 무엇인가?"라고 물었을 때, "아무것도 필
요 없으니 햇빛을 가리지 말고 비켜서라!"라고 했다는 유명한
일화가 있다.

디오니시오스 왕이 아리스티포스에게 세 명의 궁녀 중에서
한 명을 선택하여 즐기라고 했을 때, 아리스티포스는 지체 없
이 세 명 모두를 에스코트해서 데리고 나갔다고 한다. 아리스
티포스는 트로이의 왕자 파리스가 세 명의 여성 중에 한 명을
선택했다가 곧바로 온갖 고생을 했다고 말하면서 자신의 행
위를 합리화했다고 한다. 그리스 신화에는 트로이의 왕자 파
리스가 헤라, 아테나, 아프로디테 등 세 여신의 아름다움을
판결한 소위 '파리스의 심판'이 나온다. 세 여신이 황금사과
를 놓고 서로 자기 것이라고 옥신각신 다투다가 제우스에게
판결을 부탁했다. 영리한 제우스는 셋 중 하나를 택하면 나머
지 두 여신의 원한을 사게 된다는 것을 미리 간파하고 있었
다. 그래서 제우스는 가장 아름다운 여신을 고르는 일은 인간
들 중 가장 잘 생긴 남자 파리스가 해야 한다고 둘러대 위기
를 모면했다. 파리스는 황금사과가 아프로디테의 것이라고 판
결했다. 이 판결로 파리스는 아테나와 헤라의 증오를 샀다.

아테나와 헤라는 의기투합하여 트로이를 몰락시키기로 하고 물러갔다. 파리스의 선택은 그리스가 트로이 전쟁을 일으킨 명분을 제공했고 이 전쟁으로 말미암아 파리스는 온갖 고생을 했다고 한다.

아리스티포스가 배를 타고 그리스의 폴리스(도시국가) 중 가장 유명했던 항구 도시 코린토스로 가던 중 무시무시한 폭풍을 만났다고 한다. 아리스티포스는 두려움에 휩싸였다. 선장은 "다른 선원들은 두려워하지 않는데 철학자님은 잔뜩 겁에 질려 있다."고 말하면서 아리스티포스를 비난했다고 한다. 그러자 아리스티포스는 다음과 같이 응답했다고 한다. "위태로운 상황에 놓여 있는 두 유형의 삶은 비교될 수가 없다네!"

아리스티포스는 종종 궁녀들과 함께 있는 것을 즐겼다고 한다. 그래서 그는 밤의 여성들과의 쾌락에 탐닉한다는 비난을 받았다. 아리스티포스는 다음과 같은 질문을 던지면서 응답했다. "이전에 수많은 남성들이 머물렀던 왕의 궁전이라는 점을 감안한다면 여성들과의 쾌락에 탐닉하는 것이 과연 못마땅한 일인가? 못마땅한 일이라고 대답할 사람은 아무도 없을 것이다." 그래서 아리스티포스는 여성들과의 쾌락에 탐닉하는 것은 여성을 사랑하는 것과 전혀 다를 바 없다는 결론을 내렸다고 한다. 언젠가 아리스티포스는 술을 많이 마셨는데도 취하지 않았다고 자랑하는 동료와 우연히 마주친 적이 있었다. 아리스티포스는 이 사람에게 "노새도 그렇게 할 수 있네!"라고 말했다고 한다.

이 일화들의 진위여부는 확실하게 검증될 수 없다. 이 이야기들 중의 대부분은 구체적인 사실이 아니라 악의적인 험담이었을 개연성이 높다. 그럼에도 불구하고 이 이야기들 중의 절반만이라도 참이라면, 우리는 꽤 흥미로운 철학자와 함께 있는 셈이다. 아리스티포스는 현명한 철학자는 아니었다. 그렇지만 아리스티포스는 재치 있는 사람 중의 한 사람이었음이 분명하다.

아리스티포스는 당시로서는 기적적으로 아주 오래 살았다고 한다. 그는 유명한 지역을 여행하면서 생애를 보냈다. 아리스티포스는 해적 행위로 투옥되기도 했고, 왕들의 궁전에서 시간을 보내기도 했다. 심지어 서양철학의 대부인 소크라테스와 어울리기도 했다. 마침내 아리스티포스는 자신이 태어났던 퀴레네로 돌아가 은거한다. 여기에서 그는 79세의 나이로 생을 마감한다. 아리스티포스는 자신의 생애가 독특했던 것과 마찬가지로 독특한 철학적 유산을 남긴 사람이었다.

제2절 쾌락을 추구하는 삶

퀴레네 학파는 아리스티포스의 고향인 '퀴레네'라는 지역명을 따서 명명된 학파이다. 철학의 역사를 살펴보면, 윤리적 관점에서 쾌락의 문제를 다룬 최초의 학파가 바로 퀴레네 학파였다. 우리는 어떤 유형의 삶을 살아야 하는가? 훌륭한 삶의 구성요소는 무엇인가? 이 물음들은 윤리학적으로 대답되어야 할 물음들이다. 그리스인들은 대체로 인간의 삶이 무의미하지 않다고 생각했으며, 인간의 삶에 목적이 없다고 생각하지 않았다. 아리스토텔레스와 같은 철학자들이 이런 생각을 형이상학적으로 뒷받침했다.

아리스토텔레스에 의하면, 인간의 모든 활동에는 자연에 의해서 부여된 목적이 있다. 배 만드는 사람의 자연적인 목적은 배를 건조(建造)하는 것이다. 이와 유사하게 장군의 목적은 전투에서 승리하는 것이다. 그렇다면 인간의 삶의 목적은 무엇이라고 말할 수 있는가? 퀴레네 학파의 사람들은 매우 단순하게 쾌락을 발견하는 것이라고 대답한다. 아리스티포스와 그 추종자들은 쾌락이 보편적으로 좋은 것이라고 믿었다. 정반대로 고통은 틀림없이, 그리고 보편적으로 나쁜 것이었다. 이런 이유로 해서 아리스티포스와 그 추종자들에게 가장 좋은 삶은 고통을 회피함과 동시에 쾌락을 추구하는 삶이었다.

퀴레네 학파의 사람들이 말하는 쾌락은 아리스토텔레스의 『니코마코스 윤리학』에 묘사되어 있는 쾌락이 아니다. 다시 말해서 퀴레네 학파의 사람들이 말하는 쾌락은 육체적 정신적 활동에 수반되는 그 무엇으로서, 활동을 보다 더 완전하게 하는 것으로서의 쾌락이 아니다. 퀴레네 학파의 사람들이 초점을 맞추고 있는 쾌락은 감각적 육체적 쾌락이다. 퀴레네 학파의 사람들에 따르면 사치품, 음식, 섹스, 술 등이 모두 쾌락의 좋은 대상이다. 따라서 퀴레네 학파의 관점에서 보면, 즐기고 싶은 것을 마음껏 즐기는 것은 이기적인 활동이 아니라 하나의 삶의 방식이며 어쩌면 '가장 좋은 삶'에 이르는 방식일지도 모른다.

퀴레네 학파 사람들의 이와 같은 태도는 당시의 전통적인 윤리관으로부터 약간 이탈한다. 당시의 전통적 윤리관에 따르면 절제, 정의, 지혜 등과 같은 덕목들을 고취하는 것이 중요했다. 그러나 퀴레네 학파의 사람들에게 이와 같은 덕목들은 진실로 좋은 것을 성취하지 못하도록 가로막는 사회적 장치에 불과했다. 실제로 퀴레네 학파는 다음과 같이 주장한다. 만약 우리 사회가 해체되어 더 이상 종교제도나 법률제도 혹은 사회적으로 바람직한 행동을 기대하는 심리 등이 우리를 통제하지 않는다면, 우리는 본능적으로 우리에게 가장 자연스럽고 가장 좋은 것을 추구할 것이다. 그것은 물론 쾌락이다.

제3절 쾌락과 욕망

기억해 두어야 할 중요한 것이 하나 있다. 그것은 바로 아리스티포스와 같은 쾌락주의자들이 쾌락은 일반적으로 누구에게나 좋다거나, 우리는 살아 있을 적에 가급적 쾌락을 많이 즐겨야 한다고 주장하지는 않는다는 것이다. 우리 자신의 쾌락은 우리 자신에게 가치 있는 것이다. 우리는 다른 어떤 이유 때문이 아니라, 우리 자신의 행복을 위해서 쾌락을 추구해야 한다. 이것은 보편적 행복을 위한 설계도로서의 쾌락주의가 아니라, 개인을 위한 삶의 방식으로서의 쾌락주의를 이해하는 데 결정적으로 중요하다.

쾌락주의자들은 종종 하찮은 존재로 취급받고 무시당하고 바보로 패러디되기도 한다. 그러나 쾌락주의자들에게 동의하지 않기란 어려운 일이다. 그 이유는 이렇다. 많은 철학자들은 삶의 이상적인 목적이 도덕의 함양이라고 생각한다. 그러나 도덕의 본성이 무엇인가에 대해서 살펴볼 때, 우리는 종종 의견불일치에 직면한다. 지난 2,500년 동안 다양한 문화권에서는 도덕적 행위를 서로 다르게 이해해왔으며, 때로는 서로 충돌하는 견해가 제시되기도 했다. 가령 오늘날 세계 여러 문화권에서는 노예를 소유하는 것이 상상할 수도 없는 일이라고 생각하지만, 노예를 소유하는 풍습은 수세기 동안 사회적으로 용인되어왔고 정상적이었고 심지어 도덕적인 것으로 여겨지기도 했다. 임신한 미혼여성에게 눈살을 찌푸리는 사람도 있지만, 오늘날 우리 사회의 대부분의 사람은 미혼여성이 임신하는 것에 대해서 도덕적이지 않다거나 사악하다고 생각하지 않는다. 물론 미혼여성이 임신하는 풍습을 큰 죄라고 생각하는 사람도 있을 수 있다.

만약 우리가 덕을 중심으로 윤리철학을 구축하고자 하면,

우리는 먼저 일반적으로 인정되는 방식으로 덕 그 자체를 이해하고 있어야 한다. 이것은 매우 힘든 일이요, 인간의 사유가 탄생한 이래로 철학자들이 틀렸음을 입증해 주는 것일 수도 있다.

이제 이것을 그 어떤 복잡한 지성적 통찰도 요구하지 않는 쾌락과 비교해 보자. 적어도 개인에게는 쾌락 그 자체의 본성에 의해서 쾌락은 좋은 것이다. 만약 우리가 퀴레네 학파의 사람들을 믿는다면, 쾌락은 또한 가장 좋은 것이다. 퀴레네 학파에 따르면, 도덕성이나 여러 가지 덕목이나 지성 등을 고려하는 데에 신경 쓰는 것보다는 보편적으로 인정되는 하나의 선 즉 쾌락에 헌신하는 삶을 사는 것이 가장 좋다.

아주 흥미롭게도 쾌락을 추구하면서 좋은 삶을 살아가고자 하는 가운데 퀴레네 학파의 사람들 역시 쾌락을 위한 욕망의 노예가 되어서는 안 된다는 입장을 옹호했다. 퀴레네 학파의 쾌락설 중에서 본질적인 부분인 이 측면이 종종 무시되어왔다. 아리스티포스는 한때 라이스라는 궁녀와 사랑에 빠졌다고 한다. 그녀에 대한 헌신에 대해서 물었을 때, 아리스티포스는 다음과 같이 대답했다고 한다. "나는 그녀를 가졌고, 그녀는 나를 가지지 않았다. 가장 좋은 것은 쾌락을 삼가는 것이 아니라 패배함이 없이 쾌락을 지배하는 것이다." 아리스티포스 자신은 쾌락을 지배했지만 라이스는 그렇지 못했다는 것이다. 아리스티포스가 유명하게 된 것도 자신의 욕망을 지배할 수 있었기 때문이었다고 한다. 전해진 바에 의하면, 플라톤도 욕망을 지배한 아리스티포스의 인간적 면모를 다음과 같이 우회적으로 칭찬했다고 한다. "아리스티포스는 예복을 입을 수도 있고 누더기를 입을 수도 있는 재능을 부여받은 사람이다."

제4절 욕망의 지배

이제 우리는 아리스티포스를 떠날 때가 되었다. 아리스티포스는 순수한 감각적 쾌락을 즐기는 삶을 공개적으로 옹호한 철학자였다. 또한 그는 우리 인간의 모든 행위가 궁극적으로 목표 삼는 것이 바로 순수한 감각적 쾌락이라고 주장했다. 그러나 아리스티포스는 쾌락을 추구함과 동시에 욕망을 지배함으로써 좋은 삶을 발견하고자 했던 사람이었다. 아리스티포스의 가르침을 이어받은 퀴레네 학파의 사람들은 우리가 진실로 알 수 있는 것은 즉각적인 감각뿐이며, 순간적 쾌락에 탐닉하는 것이야말로 우리의 삶이 지향해야 할 최상의 선이라고 주장했다. 그들에 의하면, 모든 생명체는 자연스럽게 쾌락을 추구하고 고통을 회피하고자 한다. 그들은 다음과 같이 외친다. 지나간 과거에 대해서도 다가올 미래에 대해서도 고민하지 말라! 장래에 즐기게 될 쾌락에 대해서조차도 생각하지 말라! 오로지 지금 여기에서 쾌락을 즐기라! 한편 아리스티포스는 때로는 충격적이기도 하고 때로는 품위 없기도 한 감각적 쾌락을 즐기기 위하여 당시의 일반적인 관행과 사회적 관습을 따르지 않았다. 그럼에도 불구하고 아리스티포스는 우리에게 쾌락을 갈구하는 욕망에 사로잡혀서는 안 된다고 가르치고 있다. 아리스티포스의 사상을 이어받아 발전시킨 철학자가 바로 에피쿠로스였다.

제2장 에피쿠로스

제1절 에피쿠로스에 대하여

에피쿠로스(Epikuros)는 BC 341
년 오늘날의 그리스 동부 에게 해
에 있는 섬 사모스에서 태어났으
며 BC 270년 아테네에서 죽었다.
에피쿠로스는 소년시절 플라톤이
세운 학교 아카데메이아에서 수학
했는데, 당시 아카데메이아를 운

Epikuros

영했던 사람은 플라톤의 제자였던 크세노크라테스였다. 18세
부터는 2년 동안 아테네에서 군인으로 복무했다. 제대하고 나
서 이오니아 지방의 콜로폰에서 가족과 합류한 후에는 나우
시파네스 밑에서 공부했다. 나우시파네스는 에피쿠로스에게

데모크리토스의 철학을 소개한 인물이다. BC 306/7년 무렵 에피쿠로스는 아테네에 집을 하나 마련했다. 이 집의 정원에서 에피쿠로스는 자신의 철학을 가르쳤다. 에피쿠로스와 그 추종자들은 아테네에서 은둔생활을 했는데, 추종자 중에는 노예와 여성도 있었다고 한다.

에피쿠로스는 데모크리토스의 원자론적 유물론을 자신의 윤리학의 토대로 삼았다. 에피쿠로스에 의하면, 인간의 신체를 구성하고 있는 영혼의 원자들은 예기치 않게 정상적인 궤도를 벗어나는 경향성을 가지고 있기 때문에 인간의 행위는 예측할 수 없다고 한다. 그렇지만 에피쿠로스는 변덕스러운 사람이 원리를 따르는 사람보다 더 자유로운 사람이라고 생각하지는 않았다. 왜냐하면 에피쿠로스와 그의 선행자들이었던 퀴레네 학파의 사람들과의 중요한 차이점은, 인간은 이성에 의하여 삶을 설계할 수 있고 장래의 이익을 위하여 순간적인 쾌락을 희생시킬 수 있다는 에피쿠로스의 신념에 있었기 때문이다. 퀴레네 학파와 마찬가지로 에피쿠로스도 쾌락이 선의 유일한 기준이라고 주장했다. 그러나 에피쿠로스는 절제된 쾌락 및 건강에 유익한 자연적인 쾌락을 탐욕적이고 육욕적인 비자연적 포만감으로부터 구별했다. 에피쿠로스에 의하면 절제된 자연적인 쾌락은 신체 속에서의 부드러운 원자 운동을 의미한다. 에피쿠로스는 이상적인 삶의 방식으로서 유유자적(悠悠自適)하는 생활을 제안했다. 에피쿠로스는 이런 생활이 이치에 어긋나는 쾌락을 즐기려는 욕망 자체가 아예 없는 덕(절제)의 함양, 지성의 수련, 친구와의 담화 등에서 가능하다고 보았다. 에피쿠로스 자신이 직접 이렇게 살았으며 또 그의 유명한 정원에서 제자들에게 그렇게 가르쳤다. 2세기 후에 로마에서 루크레티우스(Lucretius, BC 99-55)에 의하여 에피쿠로스주의가 수립되었는데, 루크레티우스는 에피쿠로스주의를 로마 귀족들 사이에 확산시키는 데에 결정적으로 기여하였다.

제2절 아포니아와 아타락시아

에피쿠로스의 쾌락 개념과 관련해서 대부분의 사람들은 감각적으로 즐기는 삶을 떠올린다. 그러나 이것은 오해에서 비롯된 결과이다. 왜냐하면 에피쿠로스는 『메노이케우스에게 보내는 편지』에서 다음과 같이 말하고 있기 때문이다.(메노이케우스는 에피쿠로스와 동시대의 철학자였다) "쾌락이 목적이라고 말할 때의 쾌락은 …… 방탕한 사람의 쾌락이나 일상적으로 즐거운 시간을 보내고 있는 사람의 쾌락을 의미하는 것이 아니라, '신체적 고통으로부터 벗어난 상태'(아포니아, aponia)와 '영혼의 혼란으로부터 벗어난 상태'(아타락시아, ataraxia)를 의미한다. 왜냐하면 진정 우리를 즐겁게 살도록 하는 것은 연속적으로 술을 마시거나 파티를 하거나 남색(男色)이나 여색(女色)을 즐기거나 값비싼 식탁에 차려진 생선과 음식을 즐기는 것이 아니라,

모든 선택과 회피의 원인을 찾아내고 우리의 영혼을 큰 혼란
에 빠트리는 통속적 견해들을 제거하는 냉철한 이성적 사유
이기 때문이다."

이처럼 에피쿠로스가 말하는 쾌락은 감각적 즐거움을 탐닉
하는 쾌락이 아니다. 에피쿠로스에 의하면, 우리는 불분명한
원인들에 대하여 냉철하게 이성적으로 사유해야 할 뿐만 아
니라 고통이 없도록 해야 한다. 물론 에피쿠로스가 쾌락에 대
해서 했던 말 중에는 호색적(好色的)이고 관능주의적인 요소도
많다. 그러나 우리는 에피쿠로스가 쾌락에 관해서 남겼던 다
른 진술들에 비추어 쾌락에 관한 에피쿠로스의 말들을 읽어
야 한다.

에피쿠로스의 쾌락 개념은 너무나 냉혹하고 너무나 금욕적
이었다. 후기 스토아 철학을 대표하는 로마 제정시대의 정치
가 세네카(BC 4-AD 65)는 이 점을 잘 알고 있었다. 그러나 세
네카는 에피쿠로스의 쾌락적 삶과 스토아학파가 추구했던 이
성적 삶을 연관지우는 것으로 위안을 삼았다. 퀴레네 학파의
사람들은 에피쿠로스의 쾌락적 삶을 꾀잠을 자는 삶이라고
조롱하였다. 최근에는 스페인 태생의 미국 철학자였던 조지
산타야나(George Santayana, 1863-1952)가 에피쿠로스를 따르면
우리는 삶을 포기해야 하며 에피쿠로스는 삶을 증오하는 극
단적 금욕주의자라고 하면서 에피쿠로스를 조롱하기도 했다.

에피쿠로스는 육체적/정신적으로 고통이 없는 것을 쾌락과

동일시했다. 이것은 에피쿠로스 쾌락 개념의 가장 현저한 특징이다. 에피쿠로스의 쾌락 개념은 쾌락과 고통 사이의 어떤 중간 지대도 허용하지 않는다. 더군다나 에피쿠로스의 쾌락주의에는 큰 난점이 하나 있다. 쾌락을 고통의 부재로서 특징짓는 것 자체가 너무 소극적이고 피상적인 것처럼 보인다는 것이다. '쾌락이란 고통이 없는 것이다.'라는 정의는 어떻게 사는 것이 훌륭하게 사는 것인지에 대하여 적극적인 인상을 주지 못하고, 훌륭한 삶으로 이끌어가는 실마리를 제공하지 못한다. 그러나 에피쿠로스의 쾌락주의를 긍정적 시각으로 바라보면, 에피쿠로스의 쾌락주의는 훌륭한 삶을 살아가고자 하는 사람들에게 유용한 방향을 제시할 수도 있다.

제3절 동적 쾌락과 정적 쾌락

에피쿠로스는 쾌락을 '동적(動的) 쾌락'(hedonai kata kinesin)과 '정적(靜的) 쾌락'(hedonai katastematikai)이라는 두 가지 유형으로 구별하고 있다. 에피쿠로스의 구별과 관련하여 디오게네스 라에르티오스는 다음과 같이 보고하고 있다. "에피쿠로스는 쾌락에 관하여 퀴레네 학파와 견해를 달리한다. 퀴레네 학파는 정적 쾌락을 인정하지 않고 동적 쾌락만을 인정하였지만, 에피쿠로스는 영혼과 신체를 위해서 동적 쾌락과 정적 쾌락을 둘 다 받아들인다."

정작 에피쿠로스의 저서에는 동적 쾌락과 정적 쾌락의 구별에 관한 언급이 거의 없다. 그러나 고대 로마의 정치가였던 키케로(BC 106-43)는 자신의 저서 『최고선악론』에서 에피쿠로스의 동적 쾌락과 정적 쾌락의 구별을 다음과 같이 묘사하고 있다.

키케로 : 목마른 사람은 물을 마시면서 쾌락을 취하는가?
토르쿠아투스(에피쿠로스를 대변하는 사람) : 그것을 누가 부인할 수 있겠는가?

키케로 : 그 쾌락은 갈증이 해소되었을 때의 쾌락과 동일한 것인가?
토르쿠아투스 : 아니다. 그 쾌락은 다른 종류의 쾌락이다. 갈증이 해소되었을 때의 쾌락은 정적이지만, 갈증을 현실적으로 해소하는 쾌락은 동적이다.

키케로 : 그렇다면 당신은 왜 같은 것을 다른 이름으로 부르는가?
토르쿠아투스 : 내가 방금 말했던 것을 기억 못하는가? 고통이 완전히 제거되었을 때, 쾌락은 변화하지만 증가하지는 않는다고 말했지 않은가?

키케로 : 나는 이 변화의 본성을 전혀 이해할 수가 없

네. 고통으로부터 벗어날 때 쾌락이 최대로 되지만 유쾌한 운동이 우리의 감관에 가져다주는 것들을 즐길 때의 쾌락은 고통으로부터 벗어난 쾌락을 증가시키지 않으면서 쾌락의 변화를 일으키는 동적 쾌락이라는 당신의 주장을 말이네.

동적 쾌락과 정적 쾌락의 차이는 욕망이나 충동을 만족시키거나 결핍을 해소하는 활동의 쾌락과 욕망이나 충동이 만족되거나 결핍이 해소된 상태의 쾌락(혹은 보다 더 적절하게 말하자면 욕망이나 충동이나 결핍이 없어진 상태의 쾌락)의 차이인 것처럼 보인다. 그러나 이러한 구별에 대해서 여러 가지 문제가 제기되어 왔다. 에피쿠로스가 쾌락을 실제로 동적 쾌락과 정적 쾌락으로 구별했는지가 분명치 않으며, 정적 쾌락과 동적 쾌락의 관계를 다른 방식으로 이해하는 것도 가능하기 때문이다. 그러나 동적 쾌락과 정적 쾌락의 구별에 문제가 있다 하더라도, 그리고 그 구별을 정확하게 이해하는 것이 어렵다 하더라도, 중요한 것은 에피쿠로스가 『메노이케우스에게 보내는 편지』에서 정적 쾌락을 구성하고 있는 아타락시아와 아포니아를 최고선으로서 간주했다는 사실이다. "쾌락이 목적이라고 말할 때의 쾌락은 …… '신체적 고통으로부터 벗어난 상태'(아포니아)와 '영혼의 혼란으로부터 벗어난 상태'(아타락시아)를 의미한다." 디오게네스 라에르티오스는 여기에서 에피쿠로스가 말하고 있는 쾌락의 목적은 정적 쾌락에서 성취된다고 보고 있다. 따라서 에피쿠로스의 쾌락 개념은 동적 쾌락 혹은 욕망을 만족시키는 능동적 과정이 아니라 정적 쾌락으로 이 해되어야 한다. 이것은 에피쿠로스가 감각적 쾌락을 탐닉하는 삶을 추천하지 않았다는 것을 의미한다.

제4절 욕망과 고통

『메노이케우스에게 보내는 편지』에서 에피쿠로스는 다음과 같이 말하고 있다. "결핍에서 오는 모든 고통이 제거되었을 때는 언제나 평범한 음식의 풍미가 값비싼 다이어트 음식과 똑같은 쾌락을 산출한다." 또한 에피쿠로스는 자신의 저서 『주요 교설』에서 "결핍에서 오는 고통이 제거되었을 때 육체적 쾌락은 증가하는 것이 아니라 (동적 쾌락에서 정적 쾌락으로) 변화될 뿐이다."라고 말하고 있다.

이처럼 에피쿠로스는 무언가를 결여하고 있는 것이나 무언가를 필요로 하는 것과 고통을 빈번하게 연관시키고 있다. 방금 인용했던 구절들을 보건데, 에피쿠로스가 이 구절들을 먹는 즐거움과 신체적 즐거움의 맥락에서 사용하고 있음은 명백하다. 하지만 이 구절들은 고통이 모종의 욕망으로부터 비롯한다는 것을 암시하고 있다. 그리고 이 구절들이 명백하게 함의하고 있는 것은 욕망과 고통 사이에는 밀접한 연관이 있다는 것이다.

그렇다면 우리는 에피쿠로스가 말하는 좋은 삶의 목적이 정적인 정신적/육체적 쾌락이라고 간주할 수 있다. 더 나아가서 좋은 삶의 목적은 어떻게든 만족되지 않은 욕망이 생기지 않도록 하는 것과 같다. 그렇다고 해서 에피쿠로스가 말하는 좋은 삶이 모든 욕망을 버림으로써만 성취될 수 있다는 것을 의미하는 것은 아니다. 왜냐하면 우리는 욕망이라는 동기 없이는 살 수 없기 때문이다. 그러나 에피쿠로스는 욕망의 여러 유형을 구별했으며, 자연적이고 필수적인 욕망의 충족만이 좋은 삶을 결과하게 할 것이라고 주장한다.

제5절 오래 사는 것과 쾌락

에피쿠로스에 의하면, 오래 산다고 해서 쾌락적인 삶이 더 커지거나 더 낫게 될 수는 없다. 이 말이 논리적으로 함의하는 것은 잘 사는 것과 수명은 아무런 상관이 없다는 것이다. 다시 말해서 우리가 쾌락적인 삶을 살고 있다면, 쾌락적인 삶을 연장한다고 해서 우리가 더 잘 살게 되는 것은 아니라는 것이다. 같은 맥락에서 에피쿠로스는 『메노이케우스에게 보내는 편지』에서 "지혜로운 사람은 긴 시간 동안 즐기고자 하는 것이 아니라 가장 즐거운 것을 추구한다."라고 말하고 있다.

상식적인 차원에서 우리들 중의 대부분은 단순히 가장 오래 사는 것이 아니라 가장 좋은 삶을 추구하는 것이 고상하고 '철학적'이라고 생각한다. 그렇다면 우리는 오래 사는 것에는 관심을 가지지 말아야 하는가? 가능한 한 오랫동안 최선의 삶을 사는 일이 실제로 일어난다면, 우리는 에피쿠로스의 생각에 강력하게 저항하고 싶을 것이다. 왜냐하면 우리들 중의 대부분이 오래 사는 것에 관심을 가지지 않기는 어려울 것이기 때문이다. 최소한의 품위를 유지하면서 짧게 사는 것보다 오래 사는 것을 선택하지 않을 사람이 어디에 있겠는가? 이처럼 일반적으로 사람들이 생각하고 있는 것과 에피쿠로스의 생각은 명백하게 모순된다. 하지만 삶에 대한 에피쿠로스의 생각은 겉으로 보기보다 훨씬 더 적절한 생각이며, 그의 쾌락 개념을 보다 더 적극적으로 이해하는 데 도움이 될 수 있다. 그 이유는 무엇일까?

조금 전에 살펴보았듯이, 에피쿠로스는 오래 산다고 해서 쾌락적인 삶이 향상되지는 않을 것이라고 말하고 있다. 그러나 에피쿠로스는 자신이 왜 그렇게 말하고 있는지에 대해서 아무런 논증도 제공하지 않는다. 우리는 쾌락 그 자체에 대한 에피쿠로스의 개념으로부터 에피쿠로스가 왜 그렇게 말하고 있는지를 추적해 볼 수 있다.

일반적으로 사람들은 쾌락을 즐기는 동안의 시간이 쾌락을 즐길 수 없었던 시간에 대해서 가지는 비율에 의해서 삶에 얼마나 많은 쾌락이 포함되어 있는지를 결정한다. 보다 더 오래 산 사람이 보다 더 짧게 산 사람보다 더 많은 쾌락의 순간을 가졌을 것임은 명백하다. 그런 삶에는 쾌락의 비율이 높을 것이다. 그러나 에피쿠로스는 우리가 가장 큰 선을 가지는 동안의 시간, 즉 우리가 정적인 쾌락을 경험하고 있는 동안의 시간이 최고의 좋은 삶을 향유하는 데 요구되는 시간의 전부라고 말하고 있다. 에피쿠로스에 의하면, 그러한 시간의 어떠한 연장도 어떤 사람의 삶의 질을 향상시킬 수 없다. 그러므로 일단 우리가 행복하게 살고 있거나 쾌락적인 삶을 즐기고 있다면, 수명을 연장하고자 하는 욕망은 좋은 삶을 살고자 하는 욕망과는 별개의 욕망임이 분명하다.

　동적 쾌락과 연관되는 기쁨이나 즐거움의 강도는 무한히 증가할 수 있다. 그러므로 이런 선을 추구하는 사람은 점점 더 높은 수준의 동적 쾌락을 즐기기 위하여 당연히 오래 살고자 할 것이다. 그러나 쾌락을 즐기는 시간이 연장된다고 해서 정적 쾌락이 증가하는 것은 아니다. 다시 말해서 행복한 사람의 삶은 훨씬 더 오래 지속하는 다른 사람의 삶보다 덜 행복할 수 없다. 행복한 80대의 삶이 행복한 60대의 삶보다 더 가치 있는 것은 아니다. 어떤 사람이 어느 한 순간에 가지는 정적 쾌락이 오랜 시간 지속함으로써 더 증가하거나 더 커질 수는 없다. 따라서 삶의 길이는 삶이 얼마나 행복한지와는 아무런 상관도 없다는 것이 에피쿠로스의 생각이다.

　그렇다면 어떤 사람이 정적 쾌락을 즐기고 있을 때에 그렇게 즐기는 시간이 지속된다고 해서 쾌락이 증가되거나 더 크게 될 수는 없다는, 그리고 쾌락은 한순간의 쾌락과 정적 쾌락에서 완성된다는 에피쿠로스의 쾌락 개념이 의미하는 것은 무엇인가?

　에피쿠로스의 정적 쾌락을 건강과 비교해 보기로 하자. 건강은 사람들이 다양한 정도로 가질 수 있는 하나의 성질이다. 그 반면에 완전한 건강은 사람들이 다양한 정도로 가질 수 있는 하나의 성질이 아니다. 만약 완전하게 건강한 것이 인간의 삶에서 가장 큰 선이라면, 완전하게 건강한 사람은 인간에게 가능한 가장 큰 선을 이미 성취한 사람일 것이다. 왜냐하면 완전하게 건강한 상태에 있는 시간이 연장된다고 해서 그 사람이 더 건강하게 되는 것은 아니기 때문이다.

　우리는 에피쿠로스가 정적 쾌락을 완전한 건강과 유사한 어떤 것으로 간주했다고 생각해 볼 수 있다. 어떤 사람이 완전히 건강할 때, 더 큰 건강은 존재할 수 없다. 이와 유사하게 어떤 사람이 정적 쾌락을 심리적으로 경험할 때, 더 큰 쾌락은 존재할 수 없다. 에피쿠로스는 『주요 교설』에서 다음과 같이 선언하고 있다. "모든 고통을 제거하더라도 쾌락은 더 크게 될 수 없다. 쾌락이 현실적으로 존재하고 있는 곳에서는 어디에서나 고통이나 괴로움 혹은 고통과 괴로움의 결합은 존재하지 않는다."

모든 질병을 제거하고 나면 더 이상 건강을 완전하게 하는 것이 불가능하듯이, 어떤 사람의 완전한 건강이 오랫동안 지속된다고 해서 그 사람이 더 건강하게 될 수는 없다. 완전하게 건강한 사람의 건강의 크기는 그 사람이 완전한 건강을 유지하고 있는 동안 가질 수 있는 건강의 크기와 같다. 이와 유사하게 고통의 부재가 정적 쾌락이라면, 에피쿠로스는 분명히 다음과 같이 생각했을 것이다. 쾌락은 어떤 사람에게 현재 일어나고 있거나 일어나고 있지 않는 하나의 상태이다. 어떤 사람은 쾌락의 한계에 도달했거나 도달하지 않았다. 어떤 사람에게는 고통이 없거나 고통이 있다. 그러므로 쾌락으로 가득한 삶은 완전한 건강으로 가득한 삶과 같을 것이다. 쾌락으로 가득한 삶은 아무리 오래 산다 하더라도 더 쾌락적으로 되지는 않을 것이다.

에피쿠로스의 생각과는 달리 사람들은 쾌락적 삶을 연장하고자 욕망할 수는 있다. 사람들은 쾌락적 삶의 총 시간을 증가시키기 위하여 혹은 다양한 종류의 동적 쾌락을 증가시키기 위하여 그들의 삶이 연장되기를 바랄 수도 있다. 그러나 에피쿠로스는 가장 큰 선의 성취라는 목표가 어떤 사람에게 그렇게 바랄 이유를 제공하는 것은 전혀 아니라고 생각했다. 에피쿠로스에 의하면, 오래 살고자 하는 욕망은 거의 틀림없이 쾌락적 삶을 위해서는 오래 살아야 한다는 거짓 신념에 기반을 두고 있는 비자연적이고 불필요한 욕망이다.

제6절 몇 가지 반론에 대하여

쾌락적인 삶을 더 쾌락적이게 할 수는 없다거나 충분히 좋은 삶을 더 좋게 할 수는 없다는 에피쿠로스의 주장은 상식에 부합하지 않는다. 왜냐하면 상식적으로는 좋은 것이 많으면 많을수록 더 좋기 때문이다. 그래서 키케로는 에피쿠로스의 견해에 반대하여 『최고선악론』에서 다음과 같이 말하고 있다. "행복이 쾌락에 의해서 산출되는 것이라면, 쾌락이 시간적 지속에 의해서 증가된다는 것을 어떻게 부인할 수 있겠는가? 쾌락이 시간적 지속에 의하여 증가되지 않는다면, 고통 역시 시간적 지속에 의하여 증가되지 않아야 하지 않은가? 혹은 고통이 오래 지속될수록 더 악화된다면, 쾌락은 시간적 지속에 의해서 더 바람직한 것으로 되지 않는가? 그렇다면 에피쿠로스는 무슨 근거로 신은 행복하고 영원하다고 말하는가? 주피터에게서 영원한 생명을 제거해 보라. 주피터는 에피쿠로스보다 더 행복하지 않을 것이다."

여기에서 키케로는 일반적으로 사람들이 이해하고 있는 방식으로 쾌락과 고통을 이해하고 있다. 일반적으로 사람들이 이해하고 있는 방식이란 쾌락은 유쾌한 감각이고 고통은 불쾌한 감각이라는 것이다. 이것은 에피쿠로스의 정적 쾌락(아타락시아 및 아포니아)보다는 에피쿠로스의 동적 쾌락과 더 유사하다. 그렇다면 키케로의 반론은 적절하지 못하다. 왜냐하면 키케로는 에피쿠로스가 『주요 교설』에서 말하고 있는 것을 동적 쾌락이라고 가정하고 있기 때문이다. 그럼에도 불구하고 키케로의 반론은 에피쿠로스의 견해를 보다 더 명료하게 하고 좋은 삶에 대한 에피쿠로스의 개념을 보다 더 깊이 이해하는 데 도움이 될 수도 있기 때문에 키케로의 반론을 면밀하게 분석해 보기로 하자.

키케로의 반론은 다음과 같이 그 논리적 형식이 매우 단순하다. '만약 쾌락이 시간적 지속에 의해서 증가되지 않는다면, 고통도 시간적 지속에 의해서 증가되지 않아야 한다. 그러나 고통은 시간적 지속에 의해서 증가된다. 그러므로 쾌락도 시간적 지속에 의하여 증가되어야 한다.' 키케로의 결론은 에피쿠로스의 명제와는 정반대이다. 키케로는 고통이 시간적 지속에 의해서 악화된다는 두 번째 전제가 틀림없이 참인 경험적 사실임을 확신하고 있으며, 감각적 자극의 양태들인 쾌락과 고통이 범주적으로 유사하다는 것은 분명할 뿐만 아니라 일반적으로 받아들이는 것이라고 확신하고 있다. 하지만 여기에서 키케로가 말하고 있는 쾌락은 정적 쾌락이 아니라 동적 쾌락이다.

고통을 감각적 자극으로부터 주어지는 불쾌한 감각이라고 가정해 보자. 그리고 목마름과 배고픔도 고통에 포함시키기로 하자. 시간이 경과함에 따라 정말로 고통이 증가하는 것처럼 보인다. 그것은 정도(程道, 양 혹은 강도)의 차이를 허용하는 인간

경험의 특징이다. 일단 목마름이 시작되면, 시간이 경과함에 따라 목마름은 변화하고 더 심해진다. 배고픔 역시 그러하다. 시간이 경과함에 따라 더 목마르고 배가 더 고파진다. 심지어 두통의 경우에도 시간이 경과함에 따라 분명히 고통은 증가할 것이고 강도가 달라질 것이다. 이것들은 명백한 경험적 사실들이요, 키케로의 논증이 명백하게 의존하고 있는 사실들이다. 키케로의 반론과 관련해서 중요한 문제는 키케로가 고통과 쾌락을 연관시키고 있다는 데에 있다.

시간이 경과함에 따라 쾌락이 증가되지 않는다면, 고통 역시 시간이 경과함에 따라 증가되지 않아야 한다고 키케로는 말하고 있다. 물론 여기에서 키케로가 말하고 있는 쾌락은 동적 쾌락이다. 그러나 시간이 경과함에 따라 정적 쾌락이 증가되지 않는다고 해서 시간이 경과함에 따라 고통도 증가되지 않아야 한다고 말하는 것은 올바르지 않다. 왜냐하면 정적 쾌락이 획득되고 나면 시간이 경과하더라도 쾌락의 강도도 변하지 않고 쾌락의 양도 증가하지 않을 수 있지만, 시간이 경과함에 따라 고통의 강도가 변화하는 것은 얼마든지 가능하기 때문이다. 바로 이것이 에피쿠로스의 견해이다.

어떤 사람으로 하여금 정적 쾌락의 상태에 있지 못하도록 하는 유일한 방해꾼이 목마름이라고 상상해 보라. 그 사람이 물이 있는 곳으로 가서 물을 마실 때까지 비교적 긴 시간이 흐를 동안 목마름의 고통이 증가한다고 가정해 보라. 이렇게 가정한다면 시간이 경과함에 따라 고통은 점점 더 커진다. 그러나 고통이 증가하기 전에 그 사람이 목마름을 완전히 해소하게 되면, 우리는 다음과 같이 가정할 수 있다. 물을 마시는 과정에서 고통이 점차로 감소하고 그 다음에는 고통이 완전히 사라지거나 (혹은 좀 더 적극적으로 표현하면) 정적 쾌락이 존재한다. 결과로 초래된 고통의 결여 즉 쾌락은 변할 수는 있지만 시간이 지속하는 만큼 더 커지지는 않는다. 어떤 사람이 경험할지도 모를 고통이 시간적 지속을 통해서 더 크게 되거나 더 작게 될 수 있을지라도, 고통의 결여에 기인하는 쾌락은 시간적인 지속을 통해서 더 크게 될 필요가 없다. 이것은 쾌락이 시간적 지속에 의해서 증가되지 않는다면, 고통도 시간적 지속에 의해서 증가되지 않아야 한다는 키케로의 논증의 대전제가 합리적으로 수용될 수 없는 전제임을 의미한다.

에피쿠로스에 대한 또 다른 반론이 있다. 매우 사려 깊은 사람들도 이 반론에 매료되기 쉽다. 그 반론은 이렇다. 일단 최고의 쾌락(에피쿠로스의 정적 쾌락)이 성취되면, 보다 더 오래 산다고 해서 쾌락을 증가시키거나 더 크게 할 수 없다는 에피쿠로스의 주장이 옳을 수도 있지만, 쾌락은 계속해서 존재하며 대부분의 사람들이 계속해서 쾌락을 누리기 위하여 수명을 연장하고자 하는 것은 명백한 경험적 사실이지 않은가?

수명을 연장한다고 해서 쾌락을 누릴 동안 우리가 가지고 있었던 쾌락의 비율이 증가하는 것은 아니다. 하지만 이러한 반론이 주장하듯이, 쾌락을 누리는 기간이 짧은 것보다는 긴 것이 보다 더 바람직한 것은 확실하다. 그렇다면 오래 살면 우리의 쾌락이 더 크게 될 수는 없지만, 우리는 보다 더 많은 쾌락을 누리게 될 것이다. 정적 쾌락이 시각이나 건강과 유사한 것이라고 생각해 보자. 시각 활동이 지속되는 동안 어느 순간이든 시각은 완성되어 있지만 우리는 한 개의 사물을 보는 것에 만족하지 않는다. 왜 우리는 제2, 제3, 제4의 쾌락을 원해서는 안 되는가? 만약 우리가 이미 건강이나 쾌락을 완전하게 향유하고 있다면, 더 큰 건강이나 더 큰 쾌락을 원하는 것은 비합리적일 것이다. 그러나 더 많은 건강이나 쾌락을 원하는 것에는 비합리적인 것이 아무 것도 없지 않은가?

쾌락은 확장된 시간에 의해서 증가될 수 없다는 에피쿠로스의 명제와 이러한 반론 사이의 논리적 관계를 이해하는 것이 중요하다. 양자 사이의 논리적 관계를 이해하고 나면, 이러한 반론이 에피쿠로스의 견해를 진정으로 반박하고 있는 것이 아님을 쉽게 알 수 있을 것이다.

반론에 따르면, 쾌락을 누릴 시간을 더 원하는 것은 비합리적이지 않으며 쾌락을 누릴 시간을 더 원하지 않을 아무런 이유가 없다. 이것이 의미하는 것은 이렇다. 만약 어떤 사람이 수명을 연장함으로써 쾌락을 누릴 시간을 연장하기를 원한다면, 그 사람이 그렇게 욕망하는 것은 비합리적이지 않거나 그렇게 욕망하지 않을 아무런 이유가 없다.

하지만 이 진술로부터, 그 사람이 쾌락을 누릴 시간을 연장하기를 욕망하는 것은 합리적이라거나 쾌락을 연장하고자 욕망하는 데에는 어떤 이유가 있다는 결론이 도출되는 것은 아니다. 그 사람이 쾌락을 누릴 시간을 연장하기를 욕망하는 것이 합리적일 경우 혹은 그 사람이 쾌락을 연장하고자 욕망하는 이유가 있는 경우에만 그 사람이 자신의 생명을 연장하고자 욕망하는 어떤 근거가 있게 될 것이다. 게다가 그러한 어떤 근거가 있을 경우에만 에피쿠로스의 견해가 틀렸음이 입증될 것이다. 따라서 쾌락은 주어진 시간에 완결되어 있으며 수명의 연장에 의하여 쾌락이 증가될 수 없다는 에피쿠로스의 명제가 그러한 반론에 의해서 반박되는 것은 아니다.

쾌락은 주어진 시간에 완결되어 있으며 수명의 연장에 의하여 쾌락이 증가될 수 없다는 에피쿠로스의 명제에는 수명을 연장하기 위한 훌륭한 이유가 전혀 없다는 것이 논리적으로 함의되어 있다. 수명을 연장할 이유는 쾌락의 어떤 특징 안에 있거나 최고선을 성취하는 데 있다. 수명을 연장하기 위한 훌륭한 이유가 있다는 것을 연역적으로 논증할 수 없다면, 수명의 연장에 의해서 쾌락이 증가하지는 않는다는 에피쿠로스의 명제를 손상시키는 논증도 전혀 존재하지 않는다.

합리적인 욕망과 비합리적인 욕망은 논리적으로 모순 개념이 아니다. 왜냐하면 비합리적이지 않은 모든 욕망이 합리적인 욕망인 것은 아니기 때문이다. 비합리적이지도 않고 합리적이지도 않은 욕망도 가능하다. 다시 말해서 도덕적으로나 인식론적으로 결점이 있는 것도 아니고 적절하게 이성에 기초를 두고 있는 것도 아닌 욕망도 가능하다. 또 비이성적인 욕망도 가능하다. 비이성적인 욕망은 합리성의 기준을 위반하지도 않고 합리성의 적절한 기준에 의해서 요구되지도 않는 욕망일 것이다. 어떤 사람이 가져야 할 의무가 없고 갖지 말아야 할 의무도 없는 그런 욕망일 것이다. 이것은 어떤 사람이 자신의 생명을 연장하고 자신의 쾌락을 누릴 시간을 연장할 훌륭한 이유가 전혀 없을지라도 그렇게 하고자 욕망할 수 있음을 보여준다. 그렇게 할 이유가 없다고 해서 그렇게 하는 것이 비합리적인 것은 아니다. 요약하자면, 에피쿠로스의 견해 그 자체에 쾌락을 누릴 시간을 연장하기를 원하는 것과 관련해서 뭔가 잘못이 있는 것은 아니다. 에피쿠로스에 따르면 우리는 수명을 연장할 훌륭한 이유를 가질 수도 있는데, 그 이유는 최고선을 성취하는 것의 가치와는 다른 어떤 것에 있어야 한다.

키케로는 일반적으로 사람들이 반복적인 쾌락이나 오래 지속하는 쾌락을 선호한다는 것에 근거하여 쾌락의 연장을 '바람직한 것'으로 표현하고 있다. 그러나 이것은 부적절한 편향성을 띤다. 왜냐하면 무엇인가가 바람직하다고 말하는 것은 실제로 욕망하고 있는 것이 합리적이라는 것을 내포하고 있기 때문이다. 키케로적인 의미에서의 쾌락이든 에피쿠로스적인 의미에서의 쾌락이든 사람들은 실제로 그들의 삶을 연장함으로써 쾌락을 즐기는 시간을 연장하고자 욕망한다. 그러나 이 사실로부터 수명을 연장하는 것이 바람직하다는 결론이 도출되는 것은 아니다. 왜냐하면 이 사실은 우리가 수명을 연장할 훌륭한 이유를 가지고 있다는 것을 내포하고 있기 때문이다. 또 이 사실로부터 수명을 연장할 훌륭한 이유가 우리에게 있다는 결론이 도출되는 것도 아니다. 쾌락을 연장하는 것이 바람직하다는 어떤 주장도 욕망하는 일이 현실적으로 일어나고 있다는 사실로부터는 정당화될 수 없다.

정적 쾌락으로 가득 찬 두 종류의 삶이 있다고 생각해 보자. 그 중의 하나는 다른 것보다 두 배 이상 오래 지속되는 삶이다. 사람들에게 이 두 종류의 삶 중에서 어느 하나를 선택하라고 하면, 전부는 아닐지라도 대부분의 사람들은 보다 더 오래 지속되는 삶을 선택할 것이다. 다시 말해서 다른 모든 조건은 동일하고 자유롭게 선택하는 것이 보장된다면 대부분의 사람들은 완전히 쾌락을 즐기면서 25년을 사는 것보다는 완전히 쾌락을 즐기면서 50년을 사는 것을 선택할 것이다. 이것은 보다 긴 쾌락적 삶이 보다 짧은 쾌락적 삶보다 더 바람직하다는 것을 확실하게 보여준다. 이것은 쾌락이 지속에 의해서 보다 더 바람직하게 된다는 키케로의 주장을 뒷받침하는 다른 방식일 것이다.

하지만 모든 사람이 보다 더 짧은 쾌락적 삶보다는 보다 더 긴 쾌락적 삶을 선호할 것이라는 가정은 쾌락이 시간적 지속에 의해서 보다 더 바람직하게 된다는 것과 논리적으로 아무런 관련이 없다. 그러한 가정은 기껏해야 사람들이 일반적으로 보다 더 짧은 쾌락적 삶보다는 보다 더 긴 쾌락적 삶을 선호한다는 심리적 경향성을 보여 줄 뿐이다. 그러한 가정에 의해서 보다 더 긴 쾌락적 삶이 보다 더 바람직하다는 것을 윤리학적으로 입증할 수는 없다. 그리고 '보다 더 바람직하다는 것을 보여준다.'는 말은 '보다 더 바람직한 것을 선호하지 않는 사람들에게 모종의 도덕적인 결함이 있다.'는 것을 의미한다. 그러나 보다 더 바람직한 것을 선호하지 않는다고 해서 비도덕적인 사람이 되는 것은 아니다.

제3장 벤담과 밀

제1절 벤담에 대하여

벤담(Jeremy Bentham, 1748-1832)은 영국의 철학자요, 정치적 급진주의자였다. 『통치체제론 단편』(1776)과 『도덕과 입법의 원리 서설』(1789)에서 벤담은 '최대다수의 최대행복' (the greatest happiness of the greatest number)을 기대하면서

Jeremy Bentham

구체적인 행위들의 공리성을 순수하게 쾌락주의적으로 계산하는 것에 기반을 두는 윤리적 체계의 개요를 서술하고 있다. 벤담은 사회적이고 정치적인 삶에 이 원리를 일관되게 적용

하면, 인간 행위가 안고 있는 많은 난점들이 해소될 것으로 생각했다. 벤담이 남긴 특이한 유산은 아직도 런던 대학에 보존되어 있다.

벤담에 의하면, 모든 인간은 쾌락을 얻고 고통을 회피하기 위하여 행위하며 나아가 자기 자신의 쾌락을 바라며 고통을 두려워하도록 되어 있다고 한다. 인간은 누구나 자기 자신에게 이익이 되지 않는 일은 하지 않는다. 비록 우리가 타인을 위해서 봉사한다 할지라도 그것은 필경 자기 자신의 이익을 얻고자 하는 한 가지 방법에 불과하다고 벤담은 생각한다. 따라서 벤담에 의하면, 도덕이론은 인간의 이와 같은 이기적 경향성을 토대로 하여 전개되어야 한다. 윤리학이란 이해관계에 있는 당사자들에게 가능한 한 최대의 행복을 가져올 수 있도록 그 사람들의 행위를 지도하는 기술에 지나지 않는다. 행복, 즉 쾌락의 추구와 고통의 회피는 모든 인간이 바라는 유일하고도 옳은 행위의 목적이다. 이것이 벤담의 공리주의의 제1원리이다.

그러면 이 제1원리로부터 연역되어 나오는 것은 무엇인가? 벤담에 의하면, 그것은 행위의 도덕성, 즉 행위의 선악은 행위의 결과에 의해서 판단되어야 한다는 것이다. 행위는 그것이 쾌락을 낳느냐 고통을 낳느냐에 따라서 선도 되고 악도 된다. 비록 선 자체인 쾌락일지라도 만일 그것이 결과적으로 고통을 가져온다면 악이 되고, 악 자체인 고통일지라도 그것이 결과적으로 쾌락을 가져온다면 선이 된다. 따라서 어떠한 행위도 그 자체로서는 선도 아니고 악도 아니다. 어떤 행위의 결과로서 나타나는 쾌락이 결과로서의 고통의 양(量)보다 큰 행위는 좋은 행위이며, 반대로 만일 고통을 낳는 결과가 쾌락을 낳는 결과보다 크다면 그 행위는 나쁜 행위이다. 마찬가지로 의도나 동기 역시 그 자체로서는 선도 아니고 악도 아니다.

이와 같은 공리주의의 원리에 어긋나는 반(反)공리적 원리로서 벤담은 다음과 같은 세 가지 원리를 들고 있다. 첫째는 금욕의 원리이다. 이 원리에 따르면, 금욕이야말로 유일한 선이다. 금욕을 강조하는 사람들 중에는 도덕주의자와 종교인이 있다. 도덕주의자들은 쾌락을 악이라고 생각하여 쾌락을 적극적으로 배격하였다. 종교인들은 한 걸음 더 나아가 금욕뿐 아니라 고통마저 추구한다. 그러나 벤담에 의하면 이것은 모두 어리석은 짓이라고 한다. 둘째는 동정 및 반감의 원리이다. 이 원리에 따르면, 행복의 증감에 의해서가 아니라 단지 사람들이 그 행위를 시인하거나 부인하고자 하는 느낌에 따라서 어떤 행위의 선악이 결정된다. 즉 때와 장소에 따라서 도덕적 판단이 다르다는 것이다. 그러나 벤담은 인간에게 양심이라든가 도덕감이라든가 이성과 같은 선악을 판단하는 절대적인 기능이 있다고 믿지 않는다. 그렇기 때문에 어떤 사람이 양심상 착한 것이라고 판단하는 행위에 대해서 다른 사람은 양심상 나쁘다고 판단할 수도 있는 것이다. 마지막으로 신학적 원리이다. 이 원리는 선악의 기준을 신의 의지에 두는 원리이며, 앞의 두 원리의 다른 표현에 불과하다. 신의 의지란 사실 도덕에 의해서 추정된 것에 불과하며, 신의 의지를 추정하기 위해서는 또 다른 어떤 기준이 필요하다. 그런데 만일 신이 인간에게 행복을 가져다 줄 것을 바라고 있다고 추정한다면 신의 의지는 공리성의 원리에 의해서 추정된다. 또 만일 신이 인류에게 고통을 가져다 줄 것을 바라고 있다면, 금욕의 원리가 신의 의지에 합당하다. 그러므로 신의 의지에 따라서 행한다는 신학적 원리 역시 실제로는 무의미한 것이다.

제2절 밀에 대하여

영국의 철학자이자 경제학자였던 존 스튜어트 밀(John Stuart Mill, 1806-1873)은 벤담의 공리주의를 계승한 제임스 밀의 아들로 태어나 아버지로부터 교육을 받았다. 3세 때 그리스어와 수학을 배우기 시작했으며, 16세 때에는 벤담의 공리주의를 신봉하여 공리주

John Stuart Mill

의 학회를 조직하기도 하였다. 1823년부터 1858년까지 아버지가 근무하는 동인도회사에 근무했으며, 1865년에는 국회의원

에 당선되었다. 저술 활동에 있어서는 부인 하리에트의 도움을 많이 받았다. 밀의 주저 『논리학 체계』(1848)는 귀납 논리를 완성한 것으로 유명하다. 그 밖의 저작으로는 『경제학 원리』(1848), 『자유론』(1859), 『공리주의』(1863), 『부인의 예종』(1869) 등이 있다.

밀의 공리설 역시 거의 벤담의 공리설과 다를 바 없다. 즉 밀에 의하면, 행위는 그것이 행복을 증진할 때는 옳으며 불행을 가중할 때는 그르다고 한다. 행복이란 고통의 결여 혹은 쾌락을 의미하며 불행이란 쾌락의 결여 혹은 고통을 의미한다. 그러나 밀은 벤담과는 달리 쾌락에는 양적(量的) 차이뿐만 아니라 질적(質的) 차이도 있다고 주장한다. 쾌락에는 고상한 쾌락과 저열한 쾌락이 있으며, 고상한 품성을 가진 사람은 아무리 양적으로 많다 하더라도 저열한 쾌락을 추구하지 않는다. 일반적으로 정도가 낮다고 생각되는 육체적인 쾌락밖에 누릴 수 없는 사람은 확실히 지적(知的)인 즐거움보다는 저열한 쾌락을 선택할지 모른다. 그러나 비록 약간의 고통이나 불만을 수반한다 하더라도 양이 많은 다른 종류의 쾌락을 버리고 지적인 즐거움을 선택하려는 사람들도 있다. 그들은 만족해 있는 돼지보다는 불만족스러운 인간인 것이 더 좋고, 만족해 있는 바보보다는 불평불만이 많은 소크라테스와 같은 철학자가 더 낫다고 믿기 때문이다. 만일 돼지나 바보가 만족해 있는 돼지나 바보인 것이 더 좋다고 생각한다면, 그것은 바로 그들이 돼지나 바보이기 때문이며 그 때문에 그들은 문제의 일면, 즉 자기들의 입장밖에 모른다. 그러나 교양 있는 인간은 문제의 양면, 즉 돼지와 인간을 알고 있기 때문에 돼지와 인간을 비교함으로써 질적으로 우월한 쪽을 선택하는 것이다. 이렇게 되는 까닭은 인간에게는 인격 특유의 '품위감'(a sense of dignity)이 있기 때문이다. 품위감이 강한 사람에게는 그것이 그들의 행복의 본질적 부분이 된다. 고상한 인간에게는 품위감을 손상하지 않는 것이 행복의 근본조건이다. 따라서 만일 품위감이 손상될 때는 아무리 많은 육체적 혹은 정신적 쾌락이 얻어졌다고 하더라도 행복을 느낄 수는 없을 것이다. 그러므로 쾌락과 고통은 그 자체로서 독립해 있는 것이 아니라 인간의 품성에 달려 있다고 할 수 있다.

밀에 의하면, 인간행위의 기준인 행복은 단순히 행위자 자신의 행복뿐만 아니라 관계자 전체의 행복이라고 한다. 공리주의자는 마치 이해관계가 없는 인자한 방관자처럼 어떠한 행위가 자기 자신에게, 그리고 최대다수의 사람들에게 최대의 행복을 가져 오는가를 계산하고 그것을 판단함에 있어서 공평무사해야 한다. 이것은 최대다수의 개인의 최대행복을 의미하는 것이지, 결코 개인에 대해서 무관계한 어떤 추상적인 인간성이라든가 조직에 대해서 좋은 것이라고 이해되어서는 안 된다. 밀의 공리주의는 자신에게 관계있는 사람들을 위해서 자신의 행복을 희생하는 사람에게 경의를 표한다. 단 자신의 행복을 희생함으로써 보다 많은 사람에게 보다 많은 행복을 가져다주는 한에 있어서이다. 우리에게 자기희생이 필요한 까닭은 사회가 언제나 불완전하기 때문이며, 완전한 사회는 타인의 행복을 도모함이 곧 자기의 행복과 조화를 이루는 사회이다. '타인이 너 자신에게 하여 주었으면 하는 것을 너 자신 또한 타인에게 그와 같이 하라는 나사렛 예수의 황금률이 공리주의 윤리의 정신을 완전하게 나타내고 있다.'라고 밀은 말하고 있다.

제3절 가치와 쾌락

벤담과 밀은 상이한 여러 쾌락들의 가치를 평가하는 기준이 어디에 있다고 생각했을까? 이 물음에 대답하기 위해서 우선 벤담과 밀이 '가치'라는 말을 어떤 의미로 사용하고 있는지를 알아보자. 공리주의자들을 따라서 만약 최고선이 가능한 한 행복하게 사는 것이라면, 일정한 어떤 유형의 쾌락(혹은 다른 어떤 유형의 쾌락)이 지니는 가치는 단지 그러한 쾌락이 행복한 삶이라는 목적에 기여한다는 데 있을 뿐이다. 주어진 어떤 유형의 쾌락(마사지를 받는 것, 축구경기를 관람하는 것, 시를 읊는 것, 음악을 감상하는 것)이 행복한 삶에 기여하는 바가 많다면, 그러한 쾌락에는 가치가 많다. 만약 그러한 쾌락이 행복한 삶에 기여하는 바가 매우 작다면, 그러한 쾌락에는 가치가 거의 없다.

쾌락이라는 말이 이런 방식으로 사용된다는 것을 받아들인다면, 어떤 것의 '가치'를 그것의 '유쾌함'과 혼동해서는 안 된다. 왜냐하면 가치가 큰 것은 많지만, 다시 말해서 행복한 삶에 기여하는 것은 많지만 그것들은 매우 불쾌한 것일 수도 있기 때문이다. 가령 항암치료법, 페니실린 주사, 형벌, 치아 스케일링 등이 그러한 것들이다. 그리고 사탕, 아이스크림, 담배처럼 매우 유쾌한 것도 많지만, 그것들에는 큰 가치가 없다. 다시 말해서 그것들은 행복한 삶에 크게 기여하지 않는다.

유쾌함과 가치의 차이를 파악하는 일은 그렇게 어려운 일이 아니다. 두 사물의 유쾌함을 비교할 때, 우리는 그 두 사물이 직접적으로 우리의 마음에 생겨나게 하는 유쾌한 감각과 감정만 설명한다. 그 반면에 그 두 사물의 가치를 비교할 때에, 우리는 그 두 사물의 간접적 결과를 설명한다. 간접적 결과란 그 두 사물이 장래에 우리에게 가져다 줄 기쁨 혹은 비만이나 폐암 및 나쁜 건강 등과 같이 회피되어야 할 불쾌한 것들이다. 어떤 것의 가치는 직접적 유쾌함뿐만 아니라, 이 모든 요소를 포함한다.

그래서 누군가가 우리에게 축구경기를 관람하는 것이 시를 읊거나 음악을 감상하는 만큼 좋은가 혹은 더 좋은가라고 물으면, 우리가 제일 먼저 해야 할 일은 그 사람이 그러한 것들의 유쾌함에 대해서 말하고 있는지 혹은 그러한 것들의 가치에 대해서 말하고 있는지를 그 사람에게 물어보는 것이다. 그리고 그 사람이 가치에 대해서 말하고 있다면, 우리는 그에게 당사자를 위한 가치를 언급하고 있는지 혹은 인류를 위한 가치를 언급하고 있는지를 물어야 한다.

제4절 쾌락의 일상적 의미

우리가 일상적으로 사용하는 '쾌락'이라는 말에는 적어도 세 가지의 다른 뜻이 있다.

첫째, 쾌락이라는 말은 유쾌한 활동들이나 유쾌하게 시간을 보내는 방식들을 총칭하는 말로서 사용된다. 다시 말해서 예술 및 학문 활동을 하거나 스포츠, 취미, 오락 등을 즐기는 활동들을 총칭하는 말이 쾌락이다.

둘째, 쾌락이라는 말은 유쾌한 심리적 상태나 유쾌한 감각 및 감정(유쾌한 감정을 산출하는 활동들이 아니라 유쾌한 감정 그 자체)을 총칭하는 명칭으로서 사용된다. 이것은 쾌락이라는 말의 첫째 의미와는 전혀 다르다. 왜냐하면 축구를 하거나 음악을 감상하는 활동처럼 유쾌한 활동들에는 개별적인 명칭이 있지만, 유쾌한 활동들과는 대조적으로 유쾌한 감각들과 감정들에는 각각의 감각과 감정만을 위한 개별적인 명칭이 있는 경우가 거의 없기 때문이다. 그렇지만 유쾌한 감각들과 감정들이 서로 구별될 수는 있는데, 그것은 유쾌한 감각들이나 감정들이 일어나는 상황을 설명함으로써 가능해진다. 따라서 고전

음악을 듣는 것에서 오는 쾌감은 멋진 재담을 들은 후에 우리
가 느끼는 쾌감이나 등이 가려운 사람에게 누군가 다른 사람
이 등을 긁어 주었을 때 등이 가려운 사람이 느끼는 시원함과
는 명백하게 다르다.

셋째, 쾌락이라는 말은 유쾌한 심리적 상태를 총칭하는 말
로서가 아니라 유쾌한 심리적 상태들에 당연히 포함되어야
할 동질적인 어떤 요소를 가리키는 명칭으로서 사용되는 경
우도 종종 있다. 그래서 우리는 때때로 '두 개의 심리적 상태
중에서 어느 것이 쾌락을 더 많이 포함하고 있는가?'와 같은
문장을 발견한다. 이것은 마치 우리가 아름다운 모든 사물(그
림, 조각품, 풍경 등)에는 일정한 양의 '아름다움'이라고 명명되는
구성요소가 포함되어 있다고 말하는 것과 같으며, 이 그림이
나 저 그림에 대해서 어느 한 그림이 '아름다움'의 구성요소
를 더 많이 포함하고 있다고 말하는 것과 같다.

제5절 쾌락의 질

밀이 자신의 저서 『공리주의』에서 쾌락의 '질'(質, quality)이
라는 말을 어떤 방식으로 사용하고 있는지를 이해하기 위하
여 '질'이라는 말의 세 가지 의미에 대해서 생각해 보기로 하
자. 첫째, 질이라는 말은 어떤 것이 갖고 있는 특성들이나 속
성들 혹은 힘들을 의미한다. 예를 들어 우리는 눈(snow)에 대

하여 다음과 같이 말한다. 눈은 희다는 특성과 차다는 특성을 갖고 있다. 이 말이 의미하는 바는 눈이, 우리가 '희다' 혹은 '차다'라고 명명하는 관념이나 감정을 우리의 마음에 생기게 하는 힘을 갖고 있다는 것이다. 이러한 의미로 질이라는 말을 사용한 사람이 바로 17세기 영국의 경험론 철학자 로크(John Locke, 1632-1704)였다. 로크는 자신의 저서 『인간오성론』에서 다음과 같이 말하고 있다. "우리의 마음에 어떤 관념을 생기게 하는 힘을, 나는 그 힘을 갖고 있는 것의 성질(quality)이라고 명명한다. 따라서 눈 뭉치는 우리 안에 '희다', '차다', '둥글다' 등의 관념을 생기게 하는 힘을 갖고 있기 때문에, 나는 우리 안에 그러한 관념들을 생기게 하는 힘들(이 힘들은 눈 뭉치 안에 있다)을 성질들이라고 명명한다."

'질'이라는 말은 '양'(量, quantity)이라는 말과 대립한다. 이럴 경우 질이라는 말은 어떤 것이 양 이외에 소유하고 있는 성질들이나 속성들에 따라 그것을 분류하기 위한 명칭을 의미한다. 이것이 바로 질의 두 번째 의미이며, 밀이 자신의 저서 『논리학 체계』에서 설명하고 있는 질의 의미이다. 밀은 다음과 같이 말하고 있다. "양적인 차이 이외에는 아무런 차이가 없는 두 사물이 있다고 생각해 보자. 예를 들어 1갤런의 물과 1갤런보다 많은 물이 있다고 생각해 보자. 우리 외부의 다른 물체와 마찬가지로 우리는 1갤런의 물이 우리에게 주는 자극을 받아 우리가 느끼는 일련의 감각을 통해서 1갤런의 물이 현실적으로 존재한다는 것을 인식하게 된다. 10갤런의 물 역시 이와 유사한 방식으로 우리에게 인식되는, 그리고 우리 외부에 있는 하나의 물체이다. 우리가 10갤런의 물을 1갤런의 물로 잘못 간주하지 않듯이, 두 사례에서 일련의 감각은 다소 다르다. 마찬가지로 1갤런의 물과 1갤런의 와인도 각각 서로 다른 일련의 감각을 통해서 우리에게 인식된다. 그러나 우리는 1갤런의 물과 10갤런의 물에 대해서는 양적 차이가 있고 1갤런의 물과 1갤런의 와인에 대해서는 질적 차이가 있다고 말한다."

여기에서 우리가 파악해야 할 중요한 것이 하나 있다. 그것은 바로 밀이 '질적 차이가 있다.'라고 적을 적에 가치판단을 하고 있는 것은 아니라는 사실이다. 밀은 와인이 물보다 더 좋다거나 물이 와인보다 더 좋다고 주장하고 있는 것이 아니다. 밀은 단지 물과 와인이 같지 않으며, 그 차이가 그것들의 양에 있는 것이 아니라 질에 있다고 말하고 있을 뿐이다. 1kg의 쌀이 1kg의 콩과 비교되든 한 박스의 흰 모래가 한 박스의 베이지 색 모래와 비교되든, 밀은 다른 어떤 두 실체 혹은 물질에 대해서도 똑같이 말했을 것이다.

질이라는 말이 천박함이나 평범함과 대립될 때, 질이라는 말은 세 번째 의미인 '고상함'이나 '우월함'을 시사한다. 이런 의미에서 우리는 '삶의 질'이라는 말을 사용한다. 질이라는 말이 이런 식으로 사용될 때에는 일반적으로 가치판단의 암

묵적인 기준이 존재한다.

주어진 어떤 문장에서 우리는 화자가 질이라는 말을 양에 대립시키고 있는지 혹은 천박함에 대립시키고 있는지를 알아야 한다. 그러나 질이라는 말에서 '세련된 취미'라는 관념을 떠올리려는 심리적 경향성 때문에 많은 사람들은 무심코 질이라는 말의 두 번째 의미로부터 세 번째 의미에로 미끄러지고, 두 번째 의미와 세 번째 의미를 혼동한다.

예를 들어 1리터의 와인에 대해서 생각해 보자. 1리터의 와인이 점유하는 용적이 와인의 양이다. 그 반면에 와인의 나머지 속성들(맛, 향, 입 안에서 느껴지는 질감 등)은 와인의 질을 구성한다. 만약 우리가 똑같은 양의 서로 다른 와인을 비교한다면, 그것들은 우리의 마음에 일련의 서로 다른 두 개의 감각을 생기게 할 것이고 우리는 이러한 경우에 밀이 1갤런의 와인과 1갤런의 물에 대해서 말했던 것처럼 '질적 차이가 있다.'라고 말할 수 있다. 이때 우리는 아무런 가치판단도 행하지 않았다. 우리는 단지 서로 다른 와인 사이에는 차이가 있으며, 그 차이가 양에 있는 것은 분명히 아니기 때문에 그 차이는 질에 있다고 주장했을 뿐이다.

가치판단이 현실적으로 존재할 수 있도록 하기 위해서 우리는 의식적으로든 무의식적으로든 가치 혹은 좋음(선)의 기준을 끌어들여야 한다. 그러한 기준의 한 예가 바로 쾌락이다. 만약 어느 한 와인의 맛, 향 및 다른 속성들이 유쾌한 감각을 생기게 한다면, 우리는 그 와인이 '좋은' 와인 혹은 '양질(良質)의' 와인이라고 말한다. 만약 그 속성들이 불쾌한 감각을 생기게 한다면, 우리는 그 와인이 '나쁜' 와인 혹은 '질이 낮은' 와인이라고 말한다.

우리가 질이라는 말의 두 번째 의미와 세 번째 의미를 혼동하게 되는 지점이 바로 여기이다. 우리는 '나쁜 질의 와인'에 대해서 말할 때에는 결코 '나쁜'이라는 말을 빠트리지 않지만, 좋은 질의 와인에 대해서 말할 때에는 종종 '좋은'이라는 말을 생략하고 단순하게 그것은 '와인의 질'이라고 말한다. 질이라는 말이 그것 자신에 대한 가치판단이 된 것처럼 보인다. 이렇게 말하는 방식은 단순히 다음과 같은 것을 의미한다. 이 와인이 제공하는 쾌락은 양으로 분류되는 것들(가령 리터)로부터 유래하는 것이 아니라 질로 분류되는 속성들(맛, 향 등)로부터 유래한다.

밀은 때때로 다음과 같이 적고 있다. 어떤 종류의 쾌락들은 다른 쾌락들보다 '본질적으로' 우월하다. 질적이라는 말과 마찬가지로 본질적이라는 말에도 몇 가지 다른 의미가 있다. 일상 언어에서 '본질적'이라는 형용사는 무엇인가가 매우 중요하다는 느낌을 전달한다. 예를 들어 종교지도자들이 무엇인가가 본질적으로 나쁘다거나 본질적으로 악이라고 우리에게 말할 때에, 그 말은 무엇인가에 대한 매우 강한 반감을 불러일으킨다. 다른 한편으로 무엇인가에 대하여 그것은 '본질적 가치가 전혀 없다.'라고 말할 때에, 그 말은 본질적 가치를 지니는 다른 것들만큼 중요하지 않다는 감정을 전달하고 있다.

윤리적 논의에서는 본질적이라는 말이 매우 다른 의미를 지닌다. 즉 윤리적 논의에서 본질적이라는 말은 무엇인가가 '매우 중요하다'거나 '매우 가치 있다'는 것을 전혀 의미하지 않고 단지 무엇인가의 가치가 (아주 크든 지극히 작든) 그것의 결과나 그것을 둘러싸고 있는 정황에서 유래하는 것이 아니라 그것 자신으로부터 유래한다는 것을 의미할 뿐이다.

공리주의적 윤리학자는 쾌락의 가치에만 관심을 갖는 것이 아니라 모든 것의 가치에, 심지어는 고통의 가치에도 관심을 갖는다. 그 이유는 항암요법이나 형벌처럼 고통스러운 어떤 것이 피자나 사탕이나 아이스크림처럼 매우 유쾌한 어떤 것들보다 더 가치 있고 더 많이 행복에 기여할 수 있기 때문이다.

유쾌한 것들이 고통스러운 것들보다 더 가치가 없다는 역설의 의미는 때때로 다음과 같이 표현되기도 한다. 피자나 사탕의 가치는 본질적이다. 이 말은 단순히 피자나 사탕의 가치가 피자나 사탕을 먹고 난 후의 유쾌함에 있는 것이 아니라 그 자체 혹은 보다 더 정확하게 말하자면 피자나 사탕 그 자체의 유쾌함에 있다는 것을 의미한다. 그 반면에 항암요법처럼 고통스러운 어떤 것들의 가치는 전적으로 비본질적이거나 도구적이다. 고통스러운 것들은 그 자체적으로는 불쾌하다. 그것들의 가치는 전적으로 그것들이 직접 산출하거나 간접적으로 기회를 제공했던 결과의 유쾌함에서 유래한다. 밀이 말하고 있듯이, 이러한 것들은 본질적으로 좋은 것이 아니라 좋은 것을 위한 수단이다.

코카콜라에는 페니실린이나 백신보다 더 많은 본질적 가치가 있다. 이 말은 단순히 코카콜라에 있는 가치의 전부 혹은 대부분이 (아주 크든 무시해도 될 정도로 아주 작든) 코카콜라를 마신 후의 유쾌함에 있는 것이 아니라 코카콜라 그 자신의 유쾌함에 있다는 것을 의미한다. 다른 한편으로 페니실린의 가치는 페니실린의 유쾌함에 있는 것이 아니라 페니실린을 주사한 결과에 있다.

본질적이라는 말과 비본질적이라는 말이 이러한 차이를 표현하는 유일한 방식인 것은 아니다. 다른 방식은 사탕이나 아이스크림과 같은 것들의 가치가 그것들을 먹고 난 후의 결과에서 유래하는 것이 아니라 사탕이나 아이스크림에 '고유한' 쾌락에서 유래한다고 적는 것이다. 밀은 『공리주의』에서 다음과 같이 적고 있다. "바람직한 모든 것들은 그것들에 고유한 쾌락 때문에 바람직하거나 쾌락을 촉진하고 고통을 방지하기 위한 수단으로서 바람직하다." 우리는 때때로 이렇게 말하기도 한다. 사탕이나 아이스크림과 같은 것들은 '쾌락으로서의' 가치를 지닌다. 그 반면에 페니실린이나 항암요법은 쾌락의 '원인으로서의' 가치 혹은 쾌락을 '성취하기 위한 수단으로서의' 가치를 지닌다.

제6절 정신적 쾌락

밀에 의하면, 철학자라는 명칭을 부여받을 만한 가치가 있는 사람 중에서 어떤 종류의 쾌락이 다른 어떤 종류의 쾌락보다도 쾌락으로서 더 좋다는 것을 부인한 사람은 지금까지 한 명도 없었다. 특히 정신적 쾌락은 신체적 감각보다도 쾌락으로서 더 좋다. 밀은『공리주의』에서 다음과 같이 적고 있다. "삶에 관한 에피쿠로스적인 이론 중에서 지성의 쾌락이나 여러 느낌과 상상의 쾌락이나 도덕적 감정의 쾌락에 단순한 감각의 쾌락보다도 보다 높은 쾌락으로서의 가치를 부여하지 않는 이론은 하나도 없다."

밀은 자서전에서 자신의 아버지 제임스 밀에 대하여 다음과 같이 말하고 있다. "아버지는 다른 무엇보다도 지적인 즐거움을 더 높이 평가하는 데 있어 결코 마음이 바뀌지 않았다. 심지어는 지적 즐거움이 주는 숨은 이익과는 상관없이 지적 즐거움 그 자체에 쾌락으로서의 가치를 부여했다."

벤담 자신은 분명히 다른 어떤 쾌락보다도 음악을 선호했다. 전 생애에 걸쳐 벤담이 가장 좋아했던 오락이 바로 음악이었다. 그럼에도 불구하고 벤담은 상상하는 즐거움과 순수예술(음악, 시 등)을 경멸했다. 그 이유는 무엇인가?

밀 자신이 비판하고 있는 공리주의자들과 마찬가지로 밀도 지성의 쾌락과 감정의 쾌락이 단순한 감각의 쾌락보다 더 좋다는 사실에 완전히 동의한다. 그리고 밀이 비판하고 있는 공리주의자들과 밀은 두 가지 이유에서 지성의 쾌락과 감정의 쾌락이 단순한 감각의 쾌락보다 더 좋다는 데 대해서 동의한다. 두 가지 이유란 지성의 쾌락과 감정의 쾌락이 단순한 감각의 쾌락보다 쾌락으로서 더 좋다는 것과 지성의 쾌락과 감정의 쾌락이 야기하는 결과 때문에 단순한 감각의 쾌락보다 더 좋다는 것이다. 밀이 안타깝게 생각하고 있는 것은 이렇다. 밀의 동료 공리주의자들이 그들의 제자들에게 지성적 쾌락의 능력을 개발하고 신체적 쾌락보다는 지성적 쾌락의 능력을 함양하는 것을 기반으로 행복한 삶을 영위하도록 충고할 때, 밀의 동료 공리주의자들이 강조한 것은 지성적 쾌락 그 자체의 보다 큰 유쾌함이 아니라 지성적 쾌락이 가져다주는 보다 더 좋은 결과였다. 전적으로 그런 것은 아니지만, 밀의 동료 공리주의자들은 주로 지성적 쾌락의 본질적 우월성을 향한 것이 아니라 지성적 쾌락의 비본질적인 이점들을 향했던 것이다. 그러나 공리주의자들은 일반적으로 신체적 쾌락에 대한 정신적 쾌락의 우월성을 주로 신체적 쾌락에 비해 정신의 쾌락이 보다 더 영속적이고 안전하고 비용이 적게 든다는 데에, 즉 정신적 쾌락에 고유한 본성이 아니라 정신적 쾌락의 정황적 이점들에 두고 있다.

일반적으로 공리주의자들은 정신적 쾌락이 우월한 이유가 주로 다음과 같은 사실들에 있다고 생각한다. 기대수명이 줄

어들지 않기 때문에 우리는 보다 더 오래 동안 정신적 쾌락을 즐길 수 있고, 비용이 적게 들기 때문에 보다 더 많은 사람들이 정신적 쾌락을 즐길 수 있고, 빈곤이나 질병이나 노령에 의해서 방해받을 가능성이 거의 없기 때문에 우리는 보다 더 확실하게 정신적 쾌락을 즐길 수 있다. 이 세 가지 사실은 모두 탁월하게 그리고 잘 논증된 핵심사항들이다. 밀에 의하면, 공리주의자들은 이 모든 핵심사항에 대하여 사례를 통하여 충분히 입증했으나 이 논증들은 양(지속, 확실성, 정신적 쾌락에 접근할 수 있는 인구의 비율 등)에 관한 논증들이다. 따라서 밀에 의하면, 공리주의자들은 이 논증들을 무시하지 않고서도 전혀 양립 불가능하지 않게 질을 강조했어야 했다. 즉 공리주의자들은 정신적 쾌락의 활동들이 신체적 쾌락의 활동들보다 더 유쾌하다는 사실을 강조했어야 했다. 이어서 밀은 『공리주의』에서 다음과 같은 유명한 말을 남긴다. "쾌락이 아닌 다른 모든 것을 평가할 적에는 양과 마찬가지로 질도 고려하는 데 반하여 쾌락에 대한 평가는 양에만 의존해야 한다는 것은 불합리하다."

제7절 벤담에 대한 오해

앞에서 살펴보았듯이, 벤담이 종종 비판을 받은 이유는 두 쾌락의 가치를 비교할 때 오로지 쾌락의 양만 고려해야 한다고 벤담이 믿었기 때문이다. 심지어 벤담은 두 쾌락의 가치를 비교할 때 오로지 쾌락의 양만 고려해야 한다는 것을 하나의 격률처럼 여겼다고 한다. 영국의 현대철학자 무어(G. E. Moore, 1873–1958)는 자신의 저서 『윤리학 원론』에서 다음과 같이 적고 있다. "쾌락의 양만 같다면 푸쉬핀(push-pin) 게임(두 사람이 머리를 맞대고 핀을 손가락으로 튕겨 상대편 핀을 뛰어넘게 하는 게임)을 즐기는 것도 시(詩)를 즐기는 만큼이나 좋다는 것이 벤담의 격률이었다." 그 이후에 영국 옥스퍼드대학의 앨런 라이언(Alan Ryan) 교수는 이 격률을 '벤담이 남긴 가장 유명한 말들 중의 하나'라고 명명하면서, 벤담에게는 이 격률이 필연적 진리였다고 말하고 있다.

무어가 명명했던 벤담의 격률은 학술논문집에서 되풀이해서 인용되었고, 벤담이 고통과 쾌락의 가치에 관해서 어떻게 생각하고 있었던가에 대한 가장 인기 있는 해석 중의 하나가 되었다. 그런데 쾌락의 양만 같다면 푸쉬핀 게임을 즐기는 것도 시를 즐기는 만큼이나 좋다는 격률에 하나의 심각한 문제가 있다. 그것은 이 격률이 무어가 말한 것이지 벤담이 말한 것이 아니라는 사실이다. 벤담이 푸쉬핀 게임을 하면서 놀거나 시를 읊는 것과 같은 유쾌한 활동들의 가치를 비교하면서 공리주의자는 일을 어떻게 진행해야 하는지를 설명하고 있는 원래의 텍스트에는 '양'이라는 단어가 전혀 나오지 않는다.

종종 잘못 인용되었던 대목, 즉 푸쉬핀 게임과 시에 관한 대목은 벤담의 저서 『보상의 합리적 근거』 중의 '예술 및 과학의 구분'이라는 장(章)에 나온다. 여기에서 벤담은 각양각색의 예술, 학문, 취미 등이 인간의 행복에 기여하는 것에 대해서 논의한다. 그리고 밀과 마찬가지로 벤담도 각양각색의 예술, 학문, 취미 등이 인간의 행복에 기여하는 바를 나타내기 위하여 '가치'라는 말을 사용하고 있다. 벤담의 말을 직접 인용하면 다음과 같다. "예술이나 학문 등이 지니는 가치는 그것들이 산출하는 쾌락과 정확하게 비례한다. …… 편견을 버린다면, 푸쉬핀 게임은 예술이나 음악학이나 시와 똑같은 가치를 지닌다. 만약 푸쉬핀 게임이 보다 더 많은 쾌락을 제공한다면, 푸쉬핀 게임은 예술이나 음악학이나 시보다 더 큰 가치가 있는 것이다. 푸쉬핀은 누구나 즐길 수 있는 것이지만, 소수의 사람만 시나 음악을 즐길 수 있다."

밀이 『공리주의』에서 말하고 있는 것과 벤담이 『보상의 합리적 근거』에서 말하고 있는 것은 서로 다른 것이다. '양'과 '질'에 관한 밀의 유명한 구절에서 논의되고 있는 것은 개인을 위해서 존재하는 여러 종류의 쾌락들이 지니는 가치이다. 그 반면에 벤담의 『보상의 합리적 근거』에 있는 단락들(벤담은 이 단락들에서 '양'이라는 말을 결코 사용하지 않는다)에서 논의되고 있는 것은 쾌락들의 사회적 가치이다. 따라서 밀과 벤담은 같은 질문을 하고 있는 것이 아니기 때문에, 밀은 시나 음악이 푸쉬핀 게임보다 더 좋다(왜냐하면 시와 음악은 그것들을 즐기는 사람들에게 보다 더 유쾌한 것이기 때문이다)고 믿은 반면에 벤담은 푸쉬핀 게임이 시나 음악보다 더 좋다(왜냐하면 보다 더 많은 사람들이 푸쉬핀 게임에 접근할 수 있기 때문이다)고 생각했다 하더라도 반드시 어떤 모순이 있게 되는 것은 아니다.

사실은 이렇다.『보상의 합리적 근거』중의 '예술 및 과학의 구분'이라는 장에서 벤담은 음악이나 시보다 푸쉬핀 게임이 더 많은 사회적 가치를 갖고 있다고 주장하지 않았다. 물론 벤담의 자극적인 말투는 음악이나 시보다 푸쉬핀 게임이 더 많은 사회적 가치를 갖고 있다는 인상을 주기는 하지만 말이다. 벤담이 진정으로 말하고 있는 것은 이렇다. 순수예술(음악, 시 등)이 사회를 위해서 보다 더 큰 가치를 가지고 있다면, 그것은 아마 순수예술이 (순수예술을 감상하는 소수의 엘리트들에게) 제공하는 쾌락 때문이 아니라 순수예술이 (순수예술을 감상하지 않는 다수의 사람들을 위해서) 고통을 미연에 방지해주기 때문일 것이다. 만약 가장 강력하고 가장 정력적인 사회구성원들이 순수예술을 즐기지 않으면 해로운 경로(주로 전쟁)로 들어갈 수도 있다. 그렇게 되면 수많은 사람들이 고통을 겪게 된다. 순수예술이 사회적 고통을 미연에 방지해 준 역사적 사례가 많다.

그렇다면 순수예술이 푸쉬핀 게임보다 더 좋은지 혹은 역으로 푸쉬핀 게임이 순수예술보다 더 좋은지에 대한 밀과 벤담의 견해는 모순적이라기보다는 상호 보완적이다. 밀은 행복하게 살기를 바라는 사람들에게 얘기하고 있으며, 그들이 쾌락을 선택할 때 쾌락의 질을 고려하는 것을 잊지 말기를 상기시키고 있다. 벤담은 어떤 예술, 어떤 학문, 어떤 취미가 사회의 행복에 가장 많이 기여하는지를 알고 싶어 하는 사람들에게 얘기하고 있으며, 예술이나 학문이나 취미가 얼마나 많은 양의 쾌락을 보태주는지에 대해서 뿐만 아니라 그것들이 얼마나 많은 양의 고통을 미연에 방지해주는 지에 대해서 고려할 것을 그들에게 상기시킨다.

벤담의 견해를 보다 더 일반적으로 표현하면 다음과 같다. 시나 음악이나 푸쉬핀 게임을 즐기는 것의 사회적 가치에 대해서 논의할 때, 우리는 '순수예술'이 '대중오락'의 반대편에 있다는 편견이나 좋은 취미인 것과 좋은 취미가 아닌 것에 대한 편견의 영향을 받아서는 안 되고 열린 마음으로 시나 음악이나 푸쉬핀 게임을 즐기는 것의 사회적 가치에 대해서 연구해야 한다.

벤담을 비난하는 목소리가 들려온다. 예를 들어 현대 미국의 정치철학자 마이클 샌델(Michael Sandel, 1953-)은 자신의 저서 『정의, 어떻게 행하는 것이 올바른 일인가?』에서 다음과 같이 말하고 있다. "(벤담에게는) 어느 한 경험이 다른 경험보다 더 좋은지 혹은 더 나쁜지를 판단하기 위한 유일한 근거가 경험이 산출하는 쾌락이나 고통의 강도와 지속이다. …… 벤담은 쾌락들 간의 질적 구별에 대해서 전혀 인식하지 못하고 있다." 현대 영국의 철학자 알래스데어 매킨타이어(Alasdair MacIntyre, 1929-)도 자신의 저서 『윤리학 약사(略史)』에서 다음과 같이 말하고 있다. "여러 가지 대안들 중에서 하나를 선택해야 하는 경우에 (벤담에게는) 유일한 기준이 쾌락의 양이다."

샌델과 매킨타이어는 마치 벤담이 쾌락의 '양'이라는 말을 사용한 것처럼 말하고 있지만, 벤담은 자신의 저서 『도덕과 입법의 원리 서설』의 유명한 장(章)인 '수많은 쾌락이나 고통의 가치를 측정하는 방법'에서 '양'이라는 말을 결코 사용한 적이 없다. 『보상의 합리적 근거』에서와 마찬가지로 여기에서도 '수많은 쾌락이나 고통의 가치를 측정하는 방법'이라는 타이틀이 명백하게 가리키고 있듯이 벤담은 '가치'에 대해서 말하고 있지 '양'에 대하여 언급하고 있는 것이 아니다. 그러나 벤담은 그 장 다음에 10개의 장을 더 집필하고 난 이후에야 '양'이라는 단어를 자신이 왜 거부하는지에 대해서 다음과 같이 체계적으로 설명하고 있다. "약간 뒤로 돌아가 보자. …… 그렇다면 다음과 같은 사실이 관찰될 수 있다. 정확성을 위해서 어쩔 수 없이 양이라는 말 대신에 양이라는 말보다 덜 명료한 말인 가치라는 사용할 수밖에 없었다. 왜냐하면 양이라는 말에는 수많은 고통과 쾌락의 가치를 평가할 때에 반드시 고려되어야 하는 …… 정황이 적절하게 포함되어 있지 않을 것이기 때문이다."

세 쪽 반에 불과한 이 매우 짧은 분량의 논의에서 벤담이

'질'이라는 말을 사용하고 있지 않는 것은 사실이다. 그리고 여기에서 벤담 자신이 '질'로 분류했을지도 모르는 (고통과 쾌락의) 다른 특성들에 대해서도 벤담이 전혀 언급하고 있지 않는 것도 사실이다. 그러나 왜 우리는 벤담이 고통이나 쾌락의 질에 대해서 인식하지 못했다고 혹은 벤담이 고통이나 쾌락의 질에 대해서 알고는 있었지만 고통이나 쾌락을 평가할 때에 고통이나 쾌락의 질을 고려하기를 거부했다고 가정해야 하는가? '수많은 쾌락이나 고통의 가치를 측정하는 방법'이라는 그 장의 타이틀이 암시하고 있듯이, 아마도 벤담은 수많은 고통이나 쾌락의 측정 가능한 특성들에 관심을 집중하고 있었을지도 모른다. 곧바로 이어지는 장 '쾌락과 고통 -그 종류들'을 시작하면서 말하고 있듯이, 어쩌면 벤담은 쾌락을 질적으로 구별하는 일 혹은 고통을 질적으로 구별하는 일에 관심을 집중하고 있었던 것이 아니라 모든 종류의 쾌락이나 고통에 공통하는 것이 무엇인지에 관심을 집중하고 있었을 지도 모른다.

이유가 무엇이든 간에 『도덕과 입법의 원리 서설』의 유명한 장(章)인 '수많은 쾌락이나 고통의 가치를 측정하는 방법' 다음에 10개의 장을 더 집필하고 난 이후에 벤담은 형벌에 대해서 얘기하면서 명백하게 '질'이라는 말을 도입하고 있다. 우선 벤담은 우리들에게 많은 양의 형벌은 많은 양의 고통을 안겨 준다고 말한다. 그 다음에 형벌을 가할 때 우리가 명심

해야 할 '정황들'을 열거하면서 벤담은 고통과 쾌락의 '질'이라는 말을 명백하게 사용하고 있다.

제8절 쾌락의 질적 우월성

다시 쾌락의 질에 관한 밀의 논증에로 되돌아가보자. 우선 우리가 볼 수 있고 만질 수 있고 맛볼 수 있는 것(가령 와인과 같은 것)에 대해서 생각해 보자. 와인을 많이 마셔본 사람들은 쾌락을 산출하는 혹은 즐거움을 주는 와인의 몇 가지 특성(향, 맛, 질감, 포장 상태, 병의 구조, 모양, 향취, 강한 향, 끝 맛, 균형 등)을 쉽게 구별할 수 있다. 이 특성들 중의 몇 가지는 '양'으로 분류될 수 있고, 나머지는 '질'로 분류될 수 있다.

다음으로 음악처럼 들을 수만 있거나 악취나 향기처럼 냄새만 맡을 수 있는 것들에 대해서 생각해 보자. 이것들의 특성들 중에서 어떤 특성들이 쾌락을 산출하는지를 확인하거나 그러한 특성들에 이름을 부여하는 일은 와인의 몇 가지 특성을 구별하는 일보다 더 어려울 뿐만 아니라 특수훈련을 받은 음악가나 향수 제조업자를 필요로 한다. 그러나 이 특성들 중의 어떤 것들은 양으로 분류되기보다는 질로 분류되어야 한다.

마지막으로 감각이나 감정처럼 내면적 성찰에 의해서만 관찰될 수 있는 것들, 즉 심리적 사실들에 대해서 생각해 보자. 우리는 자연스럽게 왜 심리적 사실들은 쾌락을 산출하는 특성들(이 특성들은 양이나 질로 분류될 수 있다)을 갖고 있는 것들과는 다른 것으로 취급해야 하는지에 대해서 의문을 제기할 수 있다. 만약 심리적 사실이 아닌 다른 모든 것들이 양이나 질로 분류될 수 있는 특성들을 갖고 있다면, 왜 심리적 현상은 예외인가? 그리고 만약 와인이나 향기나 음악의 가치를 평가할 때 양과 질을 고려한다면, 우리가 함양하고자 하는 유쾌한 감각과 감정을 평가할 때는 왜 양과 질을 고려하지 말아야 하는가?

감각과 감정의 첫 번째 특성은 지속(얼마나 오랫동안 지속하는가)이다. 대부분의 사람은 이 지속이라는 특성을 '양'의 범주에 속하는 것으로 분류한다. 다른 모든 특성은 '질'의 범주에 속하는 것으로 분류될 수 있지만, 강도(강렬함의 정도) 역시 양의 범주에 포함시키는 것이 관례가 되었다. 그렇다면 문제는 지속과 강도만이 유쾌하거나 고통스러운 감각과 감정이 지니는 특성들의 전부인지의 여부와 벤담이 가르쳤던 것이 바로 이것인지의 여부이다.

누구든지 '지속'이 무엇인지를 파악할 수 있다. 그리고 지속의 정도는 초, 분, 시간 단위로 측정될 수 있다. 유쾌하거나 고통스러운 감정은 더 지속적일수록 그만큼 더 좋거나 나쁘다. 그 반면에 유쾌하거나 고통스러운 감정은 더 강렬하다고 해서 반드시 그만큼 더 좋거나 나쁜 것은 아니다. 몇 가지 예를 들어보자. 롤러코스터를 타거나 높은 곳에서 탄력 있는 받침대 위로 뛰어내리는 것은 물이 부드럽게 흘러가는 강가에서 조용히 쉬거나 저녁노을을 즐기는 것보다 더 강렬한 쾌락을 산출한다. 바그너의 오페라『발키리의 기행』을 감상할 때의 감정은 헨델의 부드러운 수상(水上) 음악을 감상할 때의 감정보다 더 강렬하다. 정의롭지 못한 일들이 벌어지고 있을 때 우리가 느끼는 고통은 무례한 행위를 목격했을 때 우리가 느끼는 고통보다 더 강렬하다.

부드럽고 잔잔한 감정이 같은 시간동안 지속하는 매우 강렬한 감정보다 더 유쾌할 수도 있다. 특히 피곤할 때나 강렬한 쾌락을 많이 즐긴 후에 그렇다. 이것은 쾌락에 지속과 강도 이외의 다른 특성들이 있음을 의미한다. '뉘앙스'나 '미묘함'이나 '섬세함'이나 '균형감'이나 '촉감'이나 '색조'나 '음조' 등이 그러한 특성들이다. 우리가 추구하는 감각이나 감정(예를 들면 즐거운 감정)에 대해서 잘 성찰해 보면, 우리가 언제나 가장 강렬한 감정을 가장 즐거운 감정이라고 생각하지는 않는다는 것을 알 수 있다. 강도는 유쾌한 감정의 양념(소금이나 후추 등)과 같은 것이어서 너무 많을 수도 있고 너무 적을 수도 있다. 밀은 자신의 저서『공리주의』에서 '강도'라는 말을 이와 같은 의미로 사용하고 있다.

밀은 '질'에 속하는 특성에 어떤 것들이 있는지를 보여주는 목록을 제공하고자 애쓰지 않으며, 그러한 특성들이 존재한다는 것을 입증하고자 애쓰지도 않는다. 우리가 그러한 특성들을 느낄 수 있다면 그것으로 충분하다는 것이다. 밀은『공리주의』에서 다음과 같이 말하고 있다. "쾌락의 질적 차이라는 말이 무슨 뜻이냐고 나에게 묻거나, 쾌락 A가 쾌락 B보다 양적으로 더 크다는 점을 빼고는 쾌락 A와 쾌락 B사이에 아무런 차이가 없을 경우에 단순히 쾌락으로서 B를 A보다 더 가치 있게 하는 것이 무엇이냐고 나에게 물으면, 하나의 대답만이 가능하다. …… 쾌락 A와 쾌락 B 둘 다를 충분히 잘 즐길 줄 아는 사람들이 지금까지 쾌락 B를 쾌락 A보다 더 우위에 두고서 선호해 왔다면, 그리고 본성상 더 많을 수밖에 없는 쾌락 A의 양 때문에 쾌락 B를 아래로 끌어내리지 않는다면, 우리는 정당하게 쾌락 B에 질적 우월성을 부여할 수 있다."

밀이 무엇을 말하고자 하는지를 파악하기 위하여 우리가 '개인적으로' 그리고 '충분히' 잘 즐길 수 있는 우리 마음 안의 두 개의 쾌락, 예를 들어 술(혹은 커피)을 마시는 것과 철학책을 읽는 것을 비교해 보자.

핵심은 두 개의 쾌락을 잘 즐길 수 있는 많은 사람들이 커피나 술의 양 때문에 철학책 읽는 것을 포기하지는 않을 것이라는 점이다. 커피나 술은 본성상 사람들로 하여금 많은 양을 즐길 수 있도록 할 수 있다. 술(혹은 커피)을 마시거나 철학책 읽는 것 둘 다를 잘 즐길 줄 아는 대다수의 사람들은 이 점에 동의할 것이다. 밀의 말대로 우리는 정당하게 철학책 읽는 즐거움에 질적 우월성을 부여할 수 있다.

이것은 또한 질적 우월성을 입증할 수 있는 유일한 방법이다. A회사의 껌이 산출하는 유쾌한 감각이 경쟁사인 B회사의 껌이 산출하는 유쾌한 감각보다 더 오래 지속한다는 것을 입증하는 유일한 방법은, A회사의 껌과 B회사의 껌을 둘 다 즐길 줄 아는 사람들의 증언뿐이다. A회사의 라면이 산출하는 매운 감각이 경쟁사인 B회사의 라면이 산출하는 매운 감각보다 더 강렬하다는 것을 입증하는 유일한 방법은, A회사의 라면이 산출하는 매운 맛과 B회사의 라면이 산출하는 매운 맛을 둘 다 즐길 줄 아는 사람들의 증언뿐이다. 그 외의 재판소는 없다.

제4장 아리스토텔레스

제1절 아리스토텔레스에 대하여

그리스 북부에 자리 잡은 마케도니아 왕국의 작은 도시 스타게이로스에서 BC 384년에 태어난 아리스토텔레스는 약 17세쯤에 당시 그리스 세계에서 출중한 배움의 장(場)이었던 아카데메이아(플라톤이 세운 학교)로 유학 갔다. BC 347년 플라톤이 죽을 때까지 약 20년 동안 아리스

Aristoteles

토텔레스는 아카데메이아에서 공부하면서 아테네에서 살았는데, 이후에는 아카데메이아로 돌아온 적이 없었다. 플라톤이

죽자 곧바로 아리스토텔레스는 소아시아의 작은 도시 앗소스로 떠났다. 앗소스는 오늘날 터키의 북부 해안에 있었던 도시였다. 아리스토텔레스는 아카데메이아에서 시작했던 철학적 활동을 앗소스에서도 계속했지만, 앗소스에서는 탐구영역을 해양생물학에로 확장하기 시작했을 것으로 보인다. 아리스토텔레스는 앗소스의 왕 헤르메이아스가 죽을 때까지 약 3년간 앗소스에 머물렀다. 헤르메이아스는 아카데메이아 시절 아리스토텔레스의 친구이자 선배였다. 아리스토텔레스는 인근의 연안도(沿岸島) 레스보스 섬으로 이동했다. 여기에서 아리스토텔레스는 테오프라스토스와 함께 2년 더 철학적 탐구와 경험적(과학적) 탐구를 계속했다. 테오프라스토스는 레스보스 섬 출신으로 아카데메이아 시절 아리스토텔레스의 또 다른 동료학생이었다. 레스보스에 머무는 동안 아리스토텔레스는 헤르메이아스의 질녀 피티아스와 결혼해서 딸을 낳았는데, 딸의 이름도 피티아스로 지었다고 한다.

BC 343년 아리스토텔레스는 마케도니아 왕국의 왕 필리포스 2세의 요청으로 레스보스를 떠나 마케도니아 왕국의 수도인 펠라로 갔다. 13세의 어린 왕자 알렉산드로스의 가정교사가 되기 위함이었다. 어린 왕자는 후일 알렉산드로스 대왕이 된 사람이다. 역사가들은 아리스토텔레스가 성장기의 알렉산드로스 대왕에게 큰 영향을 미쳤다고 말하지만, 아리스토텔레스와 알렉산드로스의 상호관계에 대하여 구체적으로 알려진 것은 거의 없다. 아리스토텔레스가 알렉산드로스를 가르친 기간은 알렉산드로스가 15세가 될 때까지인 2-3년 정도에 불과했던 것은 분명하다. 왜냐하면 알렉산드로스는 15세가 되었을 때 이미 아버지 군대의 부사령관 직책을 갖고 있었기 때문이다. 그러나 아리스토텔레스가 알렉산드로스를 가르친 기간이 8년 정도 된다고 추정하는 학자도 있다. 그럴 가능성을 단호하게 배제하기란 어렵다. 왜냐하면 BC 341-335년까지 아리스토텔레스가 무엇을 하고 있었는지에 대해서는 알려진 것이 거의 없기 때문이다.

BC 335년 두 번째이자 마지막으로 아테네로 오기 전에 아리스토텔레스는 분명히 5년 이상 스타게이로스나 펠라에 머물고 있었다. 아테네에서 아리스토텔레스는 뤼케이오스 신을 모시는 공공장소에 자신의 학교를 세우고, 학교이름을 뤼케이온이라고 지었다. 나중에 아리스토텔레스가 세운 학교와 관련이 있는 사람들을 페리파토스학파라고 불렀는데, 아마 뤼케이오스 신을 모시는 공공장소 근처에 학교 소유의 보행로(페리파토스)가 있었기 때문일 것으로 추정된다. 뤼케이온의 구성원들은 광범위한 영역을 연구하였다. 이 영역들은 아리스토텔레스 자신도 흥미를 가지고 있었던 영역들인데 식물학, 동물학, 논리학, 음악, 수학, 천문학, 의학, 우주론, 자연학, 철학의 역사, 형이상학, 심리학, 윤리학, 신학, 수사학, 정치의 역사, 정부론, 정치학, 예술론 등이 뤼케이온의 구성원들이 탐구했던 영역들이다. 이 모든 영역에서 뤼케이온의 학자들은 필사본(원고)을 수집했고, 이 때문에 고대의 몇몇 기록에 따르면 뤼케이온은 고대 최초의 대형 도서관이었다고 한다.

아리스토텔레스가 뤼케이온에서 학생들을 가르치고 연구하는 동안 아내 피티아스가 죽었다. 그래서 그는 고향인 스타게이로스 출신의 헤르퓔리스라는 여성과 새로운 관계를 발전시켰다. 헤르퓔리스가 진짜 스타게이로스 출신인지와 그녀가 아리스토텔레스와 정확하게 어떤 관계였는지에 대해서는 논란이 있다. 어떤 학자들은 헤르퓔리스가 아리스토텔레스의 노예였다고 가정한다. 다른 사람들은 헤르퓔리스에게도 유산을 남긴 아리스토텔레스의 유언장을 근거로 헤르퓔리스가 여성자유시민이었으며 아리스토텔레스가 죽을 당시 아리스토텔레스의 아내였을 공산이 크다고 생각한다. 어쨌든 아리스토텔레스와 헤르퓔리스 사이에는 자녀들이 있었다. 이중에는 니코마코스라는 아들도 있었다. 니코마코스는 아리스토텔레스의 아버지 이름이었는데 아들에게도 아버지와 같은 이름을 지어주었다고 한다. 『니코마코스 윤리학』이라는 책의 제목은 아마도 여기에서 유래한다.

아테네에서 13년 동안 머문 후인 BC 323년 아리스토텔레스는 다시 아테네를 떠날 수밖에 없었다. 그것은 같은 해에 알렉산드로스가 바빌론에서 신병으로 쓰러진 후에 아테네에서는 마케도니아인들에 대하여 언제라도 폭발할 것 같았던 반감이 최고조에 달했기 때문이다. 마케도니아 왕국과의 관계 때문에 아리스토텔레스는 안전에 상당한 위협을 느꼈다. 그래서 그는 아테네인들이 철학에 대하여 두 번이나 죄를 짓도록 허용할 아무런 이유가 없다고 말하면서 아테네를 떠났다. 아리스토텔레스는 곧장 어머니의 고향인 칼키스로 물러났다. 칼키스는 그리스 동부 아티카 해변에서 멀리 떨어져 있는 에우보에아 섬의 작은 도시였다. 아리스토텔레스는 여기에서 이듬해인 BC 322년 자연사했다.

제2절 아리스토텔레스의 논의 전략

아리스토텔레스의 저서 『니코마코스 윤리학』을 보면 쾌락(hedone)에 관한 논의가 제7권(제11장~제14장)에도 나오고 제10권(제1장~제5장)에도 나온다. 두 곳에서 아리스토텔레스는 쾌락에 대한 자신의 견해를 제시하기 전에 다른 사람들이 상반되게 주장했던 두 개의 견해를 먼저 검토하고 있다.

하나는 플라톤의 견해인데, 만약 그것이 플라톤의 견해가 아니라면 제자들의 견해이거나 추종자들의 견해라고 볼 수 있다. 특히 플라톤의 조카이자 아카데메이아의 승계자였던 스페우십포스(Speusippos, BC 400-339)의 견해인 것으로 추정된다. 스페우십포스는 쾌락이 무조건 나쁜 것이라고 주장했다. 다른 하나는 천문학자 에우독소스(Eudoxos, BC 406-355)의 견해인데,

에우독소스는 쾌락이 좋은 것이라고 주장했다.

스페우십포스라는 이름은 『니코마코스 윤리학』 제7권에서 언급되고 있으며 모든 쾌락은 무조건 나쁜 것이고, 따라서 쾌락을 회피해야 한다는 스페우십포스의 견해를 반박하는 것이 제7권에서의 아리스토텔레스의 주된 관심사이다. 제7권에서 아리스토텔레스는 자신의 견해를 적극적으로 개진하지 않고 다음과 같이 주장하고 있을 뿐이다. 반(反) 쾌락주의자들은 쾌락을 키네시스(kinesis, 운동변화의 과정) 혹은 게네시스(genesis, 생성변화의 과정)에서 오는 유쾌한 느낌이라고 정의하지만, 쾌락은 그런 것이 아니라 방해받지 않는 에네르게이아(energeia, 활동)에 수반되는 유쾌한 느낌이다. 여기에서 방해받지 않는 에네르게이아란 고통이 없는 에네르게이아를 의미한다. 아리스토텔레스의 쾌락 이론에서 가장 난해하고 가장 중요한 부분이 바로 이 대목이다. 나중에 자세하게 설명되겠지만, 반 쾌락주의자들은 쾌락이라는 개념의 형이상학적 범주를 '키네시스' 혹은 '게네시스'라고 생각한 반면에 아리스토텔레스는 쾌락이라는 개념의 형이상학적 범주가 '에네르게이아'라는 것을 자세하게 논증하고 있다.

『니코마코스 윤리학』 제10권에서 아리스토텔레스는 '쾌락은 좋은 것이다.'라는 에우독소스의 명제를 검토하고 난 다음에 스페우십포스의 견해를 검토하고 있으며, 에우독소스라는 이름도 언급하고 있다. 제7권에서도 쾌락은 좋은 것이라는 견해가 언급되고 있지만, 그 견해의 주창자는 언급되지 않는다. 그리고 제7권에서 아리스토텔레스는 이 견해에 대한 아무런 논의나 비판도 없이 이 견해를 잠정적으로 받아들이고 있다. 드디어 제10권 제4장에서 아리스토텔레스는 쾌락에 관한 자신의 견해를 밝히고 있다. 쾌락은 운동변화의 과정 혹은 생성소멸의 과정에서 오는 유쾌한 느낌이 아니다. 왜냐하면 쾌락은 감각 활동이나 사유 활동이나 관조 활동과 같은 인간의 활동이 인간의 본성을 실현하는 방향으로 전개될 때 활동 그 자체에 수반되는 유쾌한 느낌이기 때문이다. 이때의 활동이란 유덕한 사람이 구체적인 상황에서 덕을 발휘할 때처럼 활동의 주체에 내재하는 '헥시스'(hexis, 지속적인 품성의 상태)가 전개하는 활동(진리인식이나 도덕적 실천이나 제작행위)이며, 결과적으로 '어떤 목적(감각이나 사유나 관조를 더 잘하게 하는 것)을 성취하기 위한' 활동이다. 쾌락이 완성시키는 활동의 종류가 다름에 따라 쾌락의 종류도 달라진다.

『니코마코스 윤리학』 제7권과 제10권에는 서언 바로 다음에 쾌락에 관한 그 당시의 견해들을 나열하고 있는 짧은 단락이 나온다. 제7권에서 열거된 견해들은 다음과 같다. 어떤 쾌락도 본질적으로나 우연적으로나 좋지 않다. 일부의 쾌락은 좋지만, 대부분의 쾌락은 나쁘다. 모든 쾌락이 좋다고 하더라도 쾌락이 가장 좋은 것은 아니다. 여기에 상응해서 제10권에서 언급되고 있는 견해는, 쾌락이 좋은 것이라는 견해와 쾌락이 철두철미 나쁘다는 견해뿐이다. 제10권에는 쾌락이 철두철미 나쁘다는 견해에 대하여 다음과 같은 설명이 붙어 있다. 실제로 쾌락이 나쁘다고 확신하기 때문이 아니라, 쾌락이 나쁘다고 말하는 것이 결과적으로 좋을 것이라고 생각하기 때문에 그렇게 주장하는 것은 위험하다. 만약 반 쾌락주의자인 철학자가 자신이 교설하는 것을 실천하지 않는다면, 사람들은 그의 말보다는 차라리 그의 행동을 믿게 된다. 제7권은 비판적 논의를 위하여 여러 가지 반 쾌락주의설을 제시하고 있다. 제10권도 역시 검토를 위하여 쾌락이 좋은 것이라는 에우독소스의 견해를 내세우고 있다. 플라톤의 저서 『필레보스』에 나오는 견해, 즉 좋은 쾌락도 있고 나쁜 쾌락도 있다는 견해는 제10권에는 나오지 않는다. 그것은 아마도 아리스토텔레스 자신이 사실상 플라톤의 견해를 받아들여서 발전시키고 있기 때문일 것으로 추정된다.

제3절 쾌락에 대한 논의의 배경

아리스토텔레스가 쾌락의 문제를 철학적으로 다루었다는 사실은, 그와 그의 동시대인들(어떤 의미에서는 플라톤의 모든 제자들)이 쾌락에 관하여 서로 다른 의견을 제시했을 뿐만 아니라 서로 열띤 토론을 벌였음을 입증한다. 플라톤이 『필레보스』에서 쾌락을 검토하게 되는 배경도 역시 이와 동일한 토론들이다.『필레보스』에서 핵심적으로 다루어진 것은, 거짓 쾌락이 있을 수 있는지와 쾌락이 거짓이라고 말하는 것이 무엇을 의미하는지의 문제였다. 이에 반하여 아리스토텔레스는『니코마코스 윤리학』에서 거짓 쾌락이 있을 수 있는지의 문제를 공식적으로 제기하지는 않는다. 그러나 그는 거짓 쾌락, 즉 실체가 없는 쾌락이 있을 수 있음을 암시하고 있다. "어떤 것은 쾌락도 아닌데 쾌락인 것처럼 보이기도 한다. 환자의 치유과정이 그러하듯이 고통을 수반하면서 본성회복을 목적으로 삼고 행해지는 것이 그러한 것이다." 아리스토텔레스가『니코마코스 윤리학』제7권과 제10권에서 명시적으로 검토하고 있는 문제는 세 가지이다. 쾌락의 본성은 무엇인가라는 문제와 쾌락의 정의에 관한 문제와 쾌락의 도덕적 가치에 관한 문제가 그것들이다.

쾌락의 도덕적 가치에 대해서 플라톤과 아리스토텔레스는 쾌락 중에는 좋은 것도 있고 나쁜 것도 있다는 상식적 견해를 받아들인다. 쾌락의 본성이나 정의에 관한 문제는 쾌락의 원인이나 조건에 관한 문제일 수도 있고 쾌락이라는 말의 용법에 관한 문제일 수도 있다. 쾌락은 신체 안에 자리 잡게 되는 유쾌한 감정 혹은 감각이다. 명백한 예는 성적 쾌락이다. 이런 의미에서의 쾌락에 반대되는 것이 고통(예를 들면 치통)이다. 이와 같은 의미에서 쾌락의 정의를 요구하는 것은 쾌락의 원인이나 조건에 관한 정보를 요구하는 것으로서 이해될 수 있다. 그러나 음악회에 참석하거나 골프를 치거나 철학책을 읽거나 좋은 소식을 듣는 것이 유쾌하다고 말할 때에는 '쾌락'이라는 말이 전혀 다르게 사용된다. 왜냐하면 이 경우들에 있어서는 '신체의 어느 부분에서 유쾌함이 느껴지는가?'라고 묻는 것이 무의미하기 때문이다.

플라톤과 아리스토텔레스는 육체적 쾌락이 중요하기도 하고 나름대로의 특징을 가지고 있는 선(善)의 한 부류임을 잘 알고 있었다. 그들은 또한 육체적 쾌락과 비육체적 쾌락의 차이를 부각시키고자 하였다. 특히 그들은 그 차이가 신체와 마음의 차이라는 방식으로는 적절하게 설명될 수 없음을 잘 알고 있었다. 왜냐하면 신체적 장소를 가지는 쾌락과 고통이라 할지라도 심리적인 현상이지 육체적인 현상은 아니기 때문이다.

합리적인 인간은 삶에 있어서 자기 자신을 위해서 무엇을 욕망하는가? 이 문제에 대하여 아리스토텔레스는 자신의 입장이 명확하지 않음을 고백하고 있다. 왜냐하면 아리스토텔레스는 자기 자신의 입장을 다음과 같이 진술하고 있기 때문이다. "우리는 쾌락을 위해서 삶을 선택할 것인가 혹은 삶을 위해서 쾌락을 선택할 것인가의 문제를 지금으로서는 비켜가야 한다." 아리스토텔레스는 이 말을 하기 전에 "전혀 쾌락을 가져다주지 않는다 할지라도 우리가 전념해야 할 것이 많이 있는데, 예를 들면 보고 기억하고 알고 덕을 소유하는 것이 그런 것들이다."라고 말한 적이 있다. 이 대목에서 우리는 아리스토텔레스가 아리스티포스나 에피쿠로스와 같은 쾌락주의자가 아니라 쾌락이론가임을 엿볼 수 있다. 왜냐하면 아리스토텔레스가 쾌락주의자라면 보고 기억하고 알고 덕을 소유하는 것보다 쾌락을 누리는 일에 더 전념하라고 말했을 것이기 때문이다.

『니코마코스 윤리학』제7권 제11장과 제10권 제1장은 둘 다 몇 줄로 된 서언과 더불어 시작되고 있는데, 이 서언에서 아리스토텔레스는 윤리학이나 정치학 강의에 쾌락에 관한 부분을 포함시키는 이유를 제시하고 있다. 제7권 제11장에서 아리스토텔레스는 다음과 같이 말하고 있다. "정치학은 가치의 척도(이 척도에 의해서 고통과 쾌락 및 그 밖의 다른 것들이 좋다거나 나쁘다고 말해진다)가 되는 목적을 기획하기 때문에, 쾌락과 고통은 덕과 악덕을 존재하게 하는 질료적 원리이기 때문에, 일반적으로 쾌락은 행복에 수반되는 것이라고 가정되기 때문에, 쾌락이라는 주제가 정치학에 속한다." 제10권 제1장에서는 정치학을 분명하게 언급하지 않는다. 그러나 교육이나 인생에 있어서의 쾌락과 고통의 역할을 강조하고 있는 부분에는 정치학적 관점이 함의되어 있다. 대부분의 사람들은 훌륭한 삶에는 쾌락이 포함되어 있다고 생각하거나 쾌락이 수반된다고 생각한다. 따라서 우리는 쾌락과 고통이 무엇인지를 탐구하지 않을 수 없다.

제4절 반(反)쾌락주의자들에 대한 반박

『니코마코스 윤리학』제7권과 제10권을 자유롭게 오가면서 쾌락에 대한 아리스토텔레스의 논의과정을 따라가 보기로 하자. 우선 아리스토텔레스는 제7권에서 '쾌락은 전혀 좋은 것이 아니다.'라고 주장하는 사람들이 왜 그렇게 주장하는지에 대하여 검토한다.

첫째, '쾌락은 전혀 좋은 것이 아니다.'라고 주장하는 사람들에 의하면 절제할 줄 아는 사람은 쾌락이 나쁜 것이기 때문에 쾌락을 멀리한다고 한다. 여기에 대하여 아리스토텔레스는 다음과 같이 말하고 있다. "절제할 줄 아는 사람이 쾌락은 나쁜 것이기 때문에 쾌락을 멀리한다면, 절제할 줄 아는 사람은 고통도 멀리할 것이다. 왜냐하면 고통 역시 나쁜 것이기 때문이다. 그런데 고통은 쾌락과 정반대되는 것이다. 정반대되는 것을 동시에 멀리한다는 것은 논리적으로 불가능하다. 그러므로 절제할 줄 아는 사람이 쾌락을 멀리한다고 해서 반드시 쾌락을 나쁜 것이라고 말할 수는 없다."

둘째, '쾌락은 전혀 좋은 것이 아니다.'라고 주장하는 사람들에 의하면 프로니모스(실천적으로 지혜로운 사람)는 쾌락을 삶의 목표로 삼는 것이 아니라, 고통 없는 삶을 추구하기 때문에 쾌락은 좋은 것이 아니라고 한다. 여기에 대하여 아리스토텔레스는 다음과 같이 말하고 있다. "육체적 쾌락의 경우처럼 쾌락에는 고통이 수반되는 것도 있지만, 모든 쾌락에 고통이 수반되는 것은 아니다. 프로니모스는 고통이 수반되지 않는 쾌락을 추구할 가능성도 있는 것이다. 그렇다면 프로니모스가 쾌락을 삶의 목표로 삼지 않고 고통 없는 삶을 추구한다고 해서 반드시 쾌락을 나쁜 것이라고 말할 수는 없다."

셋째, '쾌락은 전혀 좋은 것이 아니다.'라고 주장하는 사람들에 의하면 쾌락은 사유 활동을 방해하기 때문에 나쁜 것이라고 한다. 여기에 대하여 아리스토텔레스는 다음과 같이 말하고 있다. "중요한 것은 쾌락이 무엇을 방해하는가이다. 음주의 쾌락은 사유 활동을 방해하지만 음주 활동 자체를 방해하지는 않는다. 그렇다면 쾌락이 사유 활동을 방해한다고 해서 반드시 쾌락을 나쁜 것이라고 말할 수는 없다."

넷째, '쾌락은 전혀 좋은 것이 아니다.'라고 주장하는 사람들에 의하면 좋은 것은 모두 기술의 산물이지만 쾌락을 산출하는 기술이란 없기 때문에 쾌락은 좋은 것이 아니라고 한다. 여기에 대하여 아리스토텔레스는 다음과 같이 말하고 있다. "모든 기술은 활동을 위한 조건을 확보해 준다. 이러한 의미에서 요리술은 유쾌함을 느낄 수 있는 조건을 확보해 주는 기술 즉 쾌락술이라고 할 수 있다. 그렇다면 쾌락을 산출하는 기술이 없기 때문에 쾌락은 좋은 것이 아니라고 말할 수는 없다."

다섯째, '쾌락은 전혀 좋은 것이 아니다.'라고 주장하는 사람들에 의하면 아이들과 동물, 즉 열등한 존재들이 쾌락을 목표로 삼기 때문에 쾌락은 나쁜 것이라고 한다. 여기에 대하여 아리스토텔레스는 다음과 같이 말하고 있다. "열등한 존재들이 추구하는 것은 육체적 쾌락이다. 쾌락에는 육체적 쾌락만 있는 것이 아니라 비육체적 쾌락도 있다. 그렇다면 열등한 존재들이 쾌락을 목표로 삼는다고 해서 쾌락을 나쁜 것이라고 말할 수는 없다."

여섯째, '쾌락은 전혀 좋은 것이 아니다.'라고 주장하는 사람들은 다음과 같이 논증한다. "모든 쾌락은 주체의 자연적 (정상적) 상태를 회복하는 운동변화의 과정에서 오는 유쾌한 감정이며, 어떤 과정도 그것이 도달하게 되는 목적과 종류 상 동일한 것이 아니다. 그러므로 변화 과정이 도달하게 되는 목적(정상적 상태의 회복)이 좋다고 해서 그러한 과정에서 오는 쾌락이 좋은 것일 수는 없다." 이 논증에 대한 아리스토텔레스의 반론은 이하의 논의에 포함시켜 살펴보기로 하자.

아리스토텔레스는 반 쾌락주의자들의 주장이 지탱될 수 없는 세 가지 이유를 들고 있다.

첫째, '쾌락은 전혀 좋은 것이 아니다.'라고 주장하는 사람들은 '좋다'라는 말이 두 가지 방식으로 사용될 수 있다는 것을 깨닫지 못하고 있다. '좋다'라는 말은 좋은 사람이나 좋은 말(馬)이라고 할 경우처럼 절대적인 의미로 사용될 수도 있고, 특정한 어떤 사람에게나 특정한 어떤 때에 '좋다'는 의미로 사용될 수도 있다. 따라서 모든 쾌락은 절대적인 의미에서 좋은 것이 아니라고 주장될 수도 있지만, 상대적인 의미에서 좋은 쾌락이 있을 수도 있는 것이다. '좋다'라는 말의 이러한 구별은 '좋다'고 말해질 수 있는 모든 것에 적용될 수 있다. 예를 들어 본성, 상태, 운동변화의 과정, 생성소멸의 과정 등은 절대적인 의미에서 좋거나 나쁠 수도 있고 특정한 어떤 사람에게나 특정한 어떤 때에 좋거나 나쁠 수도 있다.

그러므로 스페우십포스를 따라서 쾌락은 주체의 자연적(정상적) 상태를 회복하는 운동변화의 과정에서 오는 유쾌한 감정이고 일반적으로 나쁜 것으로 간주되는 쾌락이 있다고 가정하더라도, 그러한 쾌락은 절대적인 의미에서는 즉 일반적이고 정상적인 인간본성에 대해서는 나쁘지만 그 쾌락을 경험하는 특정한 어떤 사람에게나 특정한 어떤 때에는 바람직하거나 좋은 것일 수도 있는 것이다.

더 나아가서 스페우십포스가 나쁜 것으로 간주하는 쾌락은 전혀 쾌락이 아닐 수도 있다. 다시 말해서 스페우십포스가 나쁜 것으로 간주하는 쾌락은 실체가 없는 쾌락 혹은 거짓 쾌락일 수도 있다. 예컨대 환자의 치유과정처럼 본성회복을 목적으로 삼고 행해지는 과정(이 과정에는 흔히 고통이 수반된다)이 그런 것이다. 다시 말해서 치유과정에는 고통이 수반되는 데도 불구하고 쾌락이 수반되는 것처럼 착각할 수도 있다는 것이다. 따라서 만약 스페우십포스의 주장에 이런 쾌락이 포함되어 있다면, 스페우십포스는 쾌락 아닌 것을 쾌락으로 간주하여 쾌락은 나쁜 것이라고 말하고 있는 셈이기 때문에 그의 주장은 유지될 수 없다.

둘째, '쾌락은 전혀 좋은 것이 아니다.'라고 주장하는 사람들은 '좋다'라는 말에 또 다른 구별이 있다는 것을 깨닫지 못하고 있다. 우리는 '지속적인 품성의 상태'(hexis)에 대하여 '좋다'라고 말할 수도 있고 지속적인 품성의 상태의 '활동'(energeia)에 대하여 '좋다'라고 말할 수도 있다. 가령 어떤 사람을 '좋은' 사람이라고 말할 때에, 우리는 그 사람의 행동토대인 품성이 좋다는 것을 의미할 수도 있고 그 사람의 구체적인 어떤 행동이 좋다는 것을 의미할 수도 있다. 전자는 '좋다'는 말이 지속적인 품성의 상태에 적용된 경우이고 후자는 지속적인 품성의 상태의 활동에 적용된 경우이다.

어떤 사람을 본성적 상태로 회복시키는 과정은 그 자체적으로 유쾌한 것이 아니라, 우연적으로 유쾌할 뿐이다. 예를 들어 병에 걸렸을 때 우리는 고통을 감내하면서도 쓴 약을 기꺼이 마시는데, 이것은 쓴 약이 병을 낫게 해주리라는 것을 우리가 알고 있기 때문이다. 그러나 건강을 회복했을 때는, 즉 본성적 상태를 회복했을 때는 우리로 하여금 쓴 약을 마시게 할 수 있는 것은 아무 것도 없다. 따라서 만약 스페우십포스가 이해하고 있는 쾌락이 본성적 상태를 회복하는 과정에 고통과 함께 수반되는 우연적 쾌락이라면, 쾌락은 나쁜 것일 수도 있다. 그러나 사실 건강한 상태를 회복하고자 하는 욕구가 충족되고 있을 때에 활동을 수행하는 것은 아직 손상되지 않은 채 남아 있는 신체적 상태요, 회복과정에서 경험되는 쾌락은 바로 이 신체적 상태의 활동이다. 다시 말해서 진정한 쾌락은 병든 신체적 상태가 건강한 신체적 상태를 회복하는 과정 안에 있는 것이 아니라, 이러한 회복과정에서 병들지 않은 신체적 상태가 활동하는 데에 있다. 이처럼 쾌락은 어떤 종류의 과정도 아니다. 따라서 모든 쾌락은 본성적 상태에로 나아가는 과정이기 때문에 좋은 것이 아니라는 스페우십포스의 주장은 유지될 수 없다는 것이 아리스토텔레스의 지적이다.

더 나아가서 쾌락에는 고통이나 생리적 욕구와 무관한 것도 있다. 인식활동에 수반되는 관조(theoria)의 쾌락이 바로 그런 것인데, 관조활동은 인간본성의 안정을 위해서 아무 것도 결여하고 있지 않은 마음의 상태로부터 출발한다. 이 경우에 우리의 마음은 아무런 운동변화의 과정도 경험하지 않고 정상적 상태에 머물러 있을 뿐이다. 그렇다면 스페우십포스의 주장과는 달리 모든 쾌락이 나쁜 것이 아니라 관조의 쾌락처럼 좋은 쾌락도 있는 것이다.

셋째, 쾌락은 운동변화의 과정이며 (혹은 운동변화의 과정을 포함하고 있으며) 쾌락 자체와는 다른 목적으로 나아가는 과정이라는 스페우십포스의 가정은 잘못된 가정이다. 왜냐하면 쾌락은 쾌락 그 자체와는 다른 목적으로 나아가는 과정이 아니라 그 자체가 목적인 활동이며, 모든 쾌락에 쾌락 그 자체와는 다른 목적에로 나아가는 과정이 포함되어 있는 것도 아니기 때문이다. 활동이 목적인 쾌락들이 있으며, 그러한 쾌락들은 주체가 자신의 고유한 본성을 충분히 발휘하고 있을 동안 주체에 수반되는 것이다. 예를 들어 욕구활동과 인식활동에 수반되는 쾌락은 욕구능력이나 인식능력을 전개하는 과정에서 '지각되는 것'이 아니라, 욕구능력이나 인식능력이 '아무런 방해도 받지 않고 충분히 발휘되고 있을 동안 욕구주체나 인식주체가 느끼는 유쾌한 감정'이다.

요컨대 스페우십포스는 '운동변화의 과정'(kinesis)과 '활동'(energeia)을 혼동하고 있다는 것이 아리스토텔레스의 지적이다. 아리스토텔레스에 의하면, 운동변화의 과정은 과정 그 자체와는 다른 목적에 도달했을 때에 끝난다는 점에서 불완전한 것인 반면에 활동은 그 자체가 목적이기 때문에 완전한 것이다. 예를 들어 A지점에서 B지점까지 걸어가는 것은 운동변화의 과정이고 A지점에서 B지점까지 산책하는 것은 활동이다. 이런 의미에서 쾌락은 형이상학적으로 '과정'의 범주에 속하는 것이 아니라 '활동'의 범주에 속한다. 따라서 스페우십포스의 가정은 잘못된 가정인 것이다.

다음으로 『니코마코스 윤리학』 제10권에서 스페우십포스의 논증에 대하여 아리스토텔레스가 어떻게 답변하고 있는지를 살펴보기로 하자. 여기에서 아리스토텔레스는 스페우십포스의 논증을 4가지로 분류하여 검토하고 있다.

첫째, 스페우십포스는 쾌락은 좋은 것이 아니라고 하면서 다음과 같이 논증하고 있다. "좋음은 하나의 속성이다. 즉 좋음은 좋음의 소유자를 규정하는 하나의 상태이다. 그 반면에 쾌락은 단순한 감정 내지 운동변화에 불과하다. 이러한 감정 내지 운동변화가 반드시 그 소유자의 품성을 규정해 주는 것은 아니다. 그러므로 쾌락은 좋은 것이 아니다." 이 논증의 핵심은 쾌락이 속성보다도 열등한 것이라는 점이다. 즉 어떤 사람이 쾌락을 느끼고 있다고 말하는 것은 그 사람에 대하여 아무 것도 말하는 것이 아니라는 것이다. 예를 들어 어떤 사람이 쾌락을 느끼고 있다고 말하는 것은 그 사람이 건강하다든가 피부가 희다든가 정의롭다고 말하는 것보다도 못하다는 것이다.

스페우십포스의 논증에 대하여 아리스토텔레스는 다음과 같이 반박한다. "쾌락이 하나의 속성이 아니라 하더라도 쾌락은 좋은 것일 수 있다. 왜냐하면 덕을 따른 활동이나 행복 그 자체는 하나의 속성이 아니지만 좋은 것이기 때문이다." 사실 덕을 따른 활동이나 행복은 속성이 아니라, 단순한 하나의 속성 이상의 것이며 어떤 사람을 일정한 종류의 사람이 되게 하는 것이다.

둘째, 스페우십포스는 쾌락은 좋은 것이 아니라고 하면서 다음과 같이 논증하고 있다. "좋음은 양적으로 규정될 수 있

는 것이다. 즉 좋음의 특징은 명확한 양적 규정을 통하여 균
제(均齊)와 균형과 비례를 나타낼 수 있다는 것이다. 여기에 반
하여 쾌락은 양과 강도가 아무리 변화하더라도 여전히 쾌락
일 뿐이다. 즉 쾌락에는 양적인 한계가 전혀 없다. 그러므로
쾌락은 좋은 것이 아니다."

이 논증에 대하여 아리스토텔레스는 우선 다음과 같이 대
답한다. "쾌락이 양적으로 규정될 수 없는 것, 즉 양적으로
'불분명한' 것이라고 가정하더라도 쾌락은 좋은 것이 아니라
고 귀결되는 것은 아니다. 쾌락이 양적으로 불분명한 것이라
는 말은 정확하게 무엇을 의미하는가? (a)만약 그것이 쾌락을
느끼는데 있어서 정도의 차이를 명확하게 규정할 수 없다는
것을 의미한다면, 이것은 여러 덕에 대해서도 마찬가지가 아
닌가? 우리는 더 정의롭거나 더 용감할 수도 있고 덜 정의롭
거나 덜 용감할 수도 있다. 그럼에도 불구하고 정의나 용기는
여전히 선이 아닌가? (b)혹시 쾌락의 양적 불분명함이 다음
과 같은 것을 의미한다면, 즉 어느 한 쾌락이 다른 쾌락보다
더 유쾌하지만 그것들은 모두 여전히 쾌락일 뿐임을 의미한
다면, 그 이유는 쾌락이 양적으로 불분명해서가 아니라 쾌락
에는 순수한 것도 있고 고통과 혼합된 것도 있기 때문이다.
플라톤이 보여주었듯이, 쾌락의 강도가 반드시 쾌락의 본성
과 관련되는 것은 아니다. 쾌락의 강도가 쾌락의 본성과 관련
되는 것처럼 보이는 것은 혼합적인 쾌락에 있어서의 고통과

쾌락의 대비에 기인한다."

계속해서 아리스토텔레스는 스페우십포스의 논증을 다음과 같이 반박한다. "쾌락이 양적으로 불분명하다는 것은 입증되지도 않는다. 오히려 쾌락은 양적으로 규정될 수 있는 것, 즉 분명한 것일 수도 있다. 왜냐하면 쾌락은 건강과 비슷한 것이기 때문이다. 건강은 신체 내의 온냉 요소가 적절한 비율로 혼합되어 있을 때 성립한다. 이처럼 건강은 비례요 양적으로 명확한 것이지만, 그 비례는 상이한 건강체나 동일한 신체라 하더라도 상이한 시간에 따라 달라진다." 쾌락의 경우도 이와 같을 수 있다는 것이 아리스토텔레스의 지적이다.

셋째, 스페우십포스는 쾌락은 좋은 것이 아니라고 하면서 다음과 같이 논증하고 있다. "좋음은 궁극적인 어떤 것 즉 목적이다. 그러나 쾌락은 운동변화의 과정, 즉 목적에로의 이행 내지 목적에로의 발전과정이다. 그러므로 쾌락은 선이 아니다." 아리스토텔레스는 이 논증을 우선 다음과 같이 반박한다. "천체운동을 포함하는 모든 운동변화에는 완급이 있는 반면에 쾌락에는 완급이 없기 때문에 쾌락은 운동변화일 수가 없다. 사실 우리는 빨리 걷거나 빨리 성장하는 경우처럼 신속하게 혹은 완만하게 쾌락의 상태에로 변화해 들어갈 수는 있지만, 쾌락적 활동을 신속하게 혹은 완만하게 할 수는 없다. 왜냐하면 쾌락이 없던 상태에서 쾌락이 있는 상태에로 신속하게 혹은 완만하게 이행하는 것은 가능하지만, 신속하게 혹은 완만하게 즐거워하고 있을 수는 없기 때문이다. 우리가 재빨리 '노여워할 수는' 있어도 재빨리 '노여워해 있을 수는' 없는 것도 이와 마찬가지이다."

계속해서 아리스토텔레스는 스페우십포스의 논증을 다음과 같이 반박한다. 생성된 것은 무엇이나 그것이 거기서 나온 것에로 소멸해 가는데 쾌락은 이런 것일 수 없다. 왜냐하면 쾌락의 소멸은 고통이기 때문이다.

마지막으로 아리스토텔레스는 스페우십포스의 논증을 다음과 같이 반박한다. 만약 쾌락이 본성적인 것의 충족과정이라면, 쾌락을 느끼는 것은 신체일 수밖에 없다. 그러나 우리 모두가 믿고 있는 바와 같이, 쾌락은 신체적인 것이 아니라 '심리적인' 어떤 것이다. 따라서 쾌락은 본성적인 것의 충족과정이 아니다.

아리스토텔레스의 형이상학에서 '운동변화의 과정'이라는 말과 '생성소멸의 과정'이라는 말은 물리적 운동의 모든 형식을 포괄하는 용어이다. 이때의 물리적 운동은 운동변화의 과정 혹은 생성소멸의 과정의 시초 및 도중에 있는 것과는 다른 어떤 것에로의 이행(혹은 발전)이다. 따라서 아리스토텔레스는 여기에서 쾌락이 운동변화의 과정에서 오는 유쾌한 감정도 아니요, 어떠한 종류의 생성소멸의 과정에서 오는 유쾌한 느낌도 아니라고 주장함으로써 쾌락을 '활동'과 밀접하게 관련시키고 있으며, 이는 아리스토텔레스 자신의 독자적인 쾌락이론을 위한 토대가 된다.

넷째, 스페우십포스는 쾌락은 좋은 것이 아니라고 하면서 다음과 같이 논증하고 있다. "쾌락은 좋은 것일 수 없다. 왜냐하면 도덕적으로 수치스러운 쾌락이 분명히 있기 때문이다." 그러나 아리스토텔레스에 의하면, 수치스러운 쾌락이 있다 하더라도 우리는 쾌락이 좋은 것일 수 없다는 주장을 다음과 같은 세 가지 방식으로 부인할 수 있다고 한다. 첫째, 병든 사람에게 달콤한 것이 진정으로 달콤한 것은 아니듯이, 도덕적으로 문제가 있는 사람에게 쾌락으로 여겨지는 것이 진정한 쾌락인 것은 아니다. 둘째, 경제적으로 부유한 것이 바람직한 것이기는 하더라도 부정한 방법으로 부유하게 되는 것은 바람직한 것이 아니듯이, 쾌락이 바람직한 것이기는 하더라도 도덕적으로 문제가 있는 사람이 즐기는 쾌락이 바람직한 쾌락이 되는 것은 아니다. 셋째, 쾌락은 그 원천과 조건에 따라서, 즉 쾌락이 의존하고 있는 상이한 활동에 따라서 종류가 다를 수 있다. 다시 말해서 쾌락은 본성상 다 같은 것이 아니라, 쾌락 그 자체 내에 상이한 종류들이 있다. 그래서 착한 사람은 술주정꾼의 쾌락을 경험할 수 없고 촌스러운 사람은 세련된 사람의 쾌락을 경험할 수 없다. 따라서 비록 수치스럽고 나쁜 쾌락이 있다고 하더라도 바람직하고 좋은 쾌락이 있을 수 있는 것이다.

이상에서 살펴본 바와 같이, 아리스토텔레스는 반 쾌락주의자들의 주장을 반박하는 데에 전력을 다하고 있다. 반 쾌락주의에 반대하는 아리스토텔레스의 논증에는 몇 가지 중요한 것이 암시되어 있다.

첫째, 아리스토텔레스는 병적인 사람이나 무절제하고 방종한 사람이 즐기는 쾌락 즉 신체적(감각적) 쾌락과는 다른 쾌락이 있음을 정당화하고 있다. 그러면서도 아리스토텔레스는 인간의 삶에 있어서 신체적 쾌락이 차지하는 지위를 결코 무시하지 않는다. 정상적인 신체적 쾌락은 생명을 유지하는 데 있어서 반드시 있어야 할 쾌락이며, 그 자체적으로 좋은 것이다. 그러나 정상적인 신체적 쾌락도 과도하게 추구되면 나쁜 것으로 되며, 방종한 사람이 나쁜 사람인 이유는 그가 신체적 쾌락에 몰입하기 때문이 아니라 무절제하게 혹은 나쁜 방식으로 신체적 쾌락에 몰입하기 때문이다.

둘째, 아리스토텔레스는 반 쾌락주의자들의 주장이 사실에 근거한 것이 아니라고 보고 있다. 아리스토텔레스에 의하면, 쾌락은 무조건 나쁜 것이라고 말하는 것이 결과적으로 좋을 것이라고 생각하여 그렇게 주장하는 것은 지극히 위험한 발상이다. 왜냐하면 실천적 지식은 실천을 위해서 존재해야 하는데, 반 쾌락주의자가 자기가 교설하는 것을 실천하지 않는다면 사람들이 그의 말보다는 그의 행동을 따르게 되기 때문이다.

셋째, 쾌락은 주체의 본성적 상태를 회복하는 감각적 과정이라든가 본성적인 것의 결여를 충족시키는 과정이라는 반 쾌락주의자들의 주장이 무엇을 의미하는지에 대하여 아리스토텔레스는 자세한 언급을 하지 않고 있다. 다만 반 쾌락주의자들이 음식물 섭취와 관련된 고통과 쾌락에 기초하여 그렇게 주장하고 있는 것 같다고 언급하고 있을 뿐이다.

제5절 쾌락애호가 에우독소스에 대한 변호

다음으로 아리스토텔레스가 『니코마코스 윤리학』 제10권에서 쾌락은 좋은 것이라는 에우독소스의 견해에 대하여 어떻게 검토하고 있는지를 살펴보기로 하자. 에우독소스의 논증은 다음의 세 가지이다.

첫째, 에우독소스는 쾌락은 좋은 것이라고 하면서 다음과 같이 논증하고 있다. "이성적이든 비이성적이든 모든 생명체는 쾌락을 추구한다. 만물이 같은 것을 향해서 움직이고 있다는 사실은 바로 그것이 만물에 대하여 으뜸가는 선임을 의미한다. 따라서 쾌락은 좋은 것이다." 아리스토텔레스에 의하면, 이 논증에 무게가 실렸던 것은 논증 자체가 훌륭해서가 아니라 에우독소스가 통속적인 의미의 쾌락애호가가 전혀 아니었다는 사실 때문이다. 그래서 사람들은 쾌락 그 자체의 좋고 나쁨을 떠나서 에우독소스가 쾌락이 좋은 것이라고 말했기 때문에 사실이 그런 줄로 생각하게 되었다는 것이다. 그럼에도 불구하고 아리스토텔레스는 이 논증을 변호하고 있다. 왜 냐하면 아리스토텔레스에게 있어서는 에우독소스와 같은 선 인(善人)이 생각하고 있는 것은 곧 진리였기 때문이다. 만물이 추구하는 것이 있다고 해서 그것이 곧 선인 것은 아니라는 반 론에 대해서도 아리스토텔레스는 다음과 같이 답변하고 있다. "만약 이성이 없는 존재자들만 쾌락을 추구한다면 그와 같은 반론에도 일리가 있겠으나, 이성적인 존재자들도 쾌락을 추구 한다면 그러한 반론은 아무런 의미도 없다."

둘째, 에우독소스는 쾌락은 좋은 것이라고 하면서 다음과 같이 논증하고 있다. "고통은 만물이 회피하는 것이다. 따라 서 고통의 대립자인 쾌락은 바람직한 것이 아닐 수 없다. 그 리고 가장 바람직한 것은 다른 어떤 것 때문에 우리가 선택하 게 되는 것이 아니라, 그 자체 때문에 선택하게 되는 것이다. 쾌락이 바로 이런 것임은 누구나 인정한다. 따라서 쾌락은 바 람직한 것이다." 아리스토텔레스는 이 논증도 변호하고 있는 데, 이 논증의 구조를 분석하면 다음과 같다. 고통의 대립자 인 한에 있어서 쾌락은 만물의 선택의 대상이며, 가장 바람직 한 것이다. 우리는 이것을 경험적으로 확인할 수 있다. 왜냐 하면 쾌락이 그 자체적으로 바람직한 것 즉 고통의 대립자임 을 누구나 일상적으로 경험하기 때문이다. 아리스토텔레스에 의하면, 이 논증에 반대하는 사람들은 쾌락과 고통 이외에 제 3의 상태 즉 쾌락도 아니고 고통도 아닌 상태가 있다고 가정한다. 고통과 쾌락이 서로 대립할 수는 있지만, 둘 다 제3의 상태(즉 선)에 대립하는 악일 수도 있다는 것이다. 여기에 대하여 아리스토텔레스는 에우독소스를 변호하여 다음과 같이 답변한다. "반대자들의 주장은 추상적으로는 참이지만, 특정한 경우에 있어서는 참이 아니다. 즉 악이 악에 대립하고 이 두 악이 중립적인 것에 대립할 수는 있지만, 쾌락이 고통에 대해서 가지는 관계가 이러한 원리의 한 사례로서 취급될 수는 없다. 왜냐하면 인간은 고통을 악으로서 회피하고 쾌락을 선으로서 추구하는 것이 사실이기 때문이다. 즉 고통은 악이 악과 대조되듯이 쾌락과 대조되는 것이 아니라, 악이 선과 대조되듯이 쾌락과 대조된다는 것을 우리는 경험적으로 알고 있기 때문이다. 만약 쾌락과 고통이 둘 다 악이라면, 쾌락과 고통을 둘 다 회피하는 인간이 있어야 할 것이며 만약 쾌락과 고통이 선도 아니고 악도 아니라면, 쾌락이나 고통 중의 어느 것도 회피하지 않거나 둘 다를 회피하는 인간이 있어야 할 것이다."

셋째, 에우독소스는 쾌락은 좋은 것이라고 하면서 다음과 같이 논증하고 있다. "좋은 것에 좋은 것이 보태지면 좋음은 증대된다. 쾌락이 보태짐으로써 좋음이 증대된다. 그러므로 쾌락은 좋은 것이다." 아리스토텔레스에 의하면, 이 논증은 쾌락이 좋은 것이라는 것은 증명해 주지만 쾌락이 다른 것보다 더 좋은 것임을 증명해 주지는 않으며 오히려 플라톤은 이와 비슷한 논법으로 쾌락은 좋은 것이 아님을 증명하고 있다. 플라톤의 논법은 이렇다. "쾌락적인 삶은 거기에 프로네시스(실천적 지혜)가 보태지면 그렇지 않을 때보다 더욱 바람직한 삶이 된다. 그러나 이처럼 쾌락에 다른 것이 보태짐으로써 쾌락이 보다 나은 것으로 된다면, 쾌락은 좋은 것이 아니다. 왜냐하면 좋음이란 거기에 다른 것이 보태짐으로써 보다 더 바람직한 것이 될 수는 없기 때문이다." 여기에 대하여 아리스토텔레스는 에우독소스를 변호하여 다음과 같이 답변하고 있다. "쾌락 이외의 다른 것들에 대해서는 플라톤의 논법이 정당하게 적용될 수 있지만, 쾌락의 경우에는 그렇지 않다."

제6절 쾌락의 존재론적 본성

드디어 『니코마코스 윤리학』 제10권 제4장과 제5장에서 아리스토텔레스는 쾌락의 존재론적 본성과 쾌락의 존재이유 및 쾌락의 가치에 관한 자신의 철학적 견해를 제시하고 있다.

우선 아리스토텔레스는 쾌락의 존재론적 본성에 대하여 "쾌락은 완성되고 있는 운동변화의 과정이 아니요, 쾌락이 생성 소멸하는 과정도 존재하지 않는다. 쾌락은 무엇을 보는 것과 마찬가지로 그것이 현실적으로 존재할 때 이미 완결되어 있다."라고 말하고 있다.

아리스토텔레스는 이것을 다음과 같이 개념적으로 증명하

고 있다. 모든 운동변화나 생성소멸의 과정에는 시간이 포함되어 있으며, 모든 운동변화나 생성소멸의 과정은 목적을 향하여 있고 목적을 떠나서는 존재할 수 없다. 시간 안에 있다는 것, 시간이 경과하면서 목적의 실현을 향하여 움직이고 있다는 것, 목적에 도달하는 데는 시간이 걸린다는 것, 목적에 보다 더 가까이 가고 있다는 것 등이 모든 운동변화나 생성소멸의 본질이다.

그렇다면 어떤 운동변화나 생성소멸의 과정도 어느 순간이나 매순간에 완결되어 있지 않음이 명백하다. 운동변화나 생성소멸의 과정이 완결되는 것은 목적이 실현된 순간이거나, 즉 운동변화나 생성소멸의 과정 그 자체가 끝났을 때이거나 운동변화나 생성소멸의 전 과정을 하나의 단위로 간주할 때 뿐이다. 이처럼 운동변화나 생성소멸의 과정 중에 있는 모든 것은 그것이 현실적으로 존재하기 위해서 시간을 필요로 한다. 그리고 운동변화나 생성소멸의 과정 중에 있는 모든 것의 본성이 실현되는 순간 운동변화나 생성소멸의 과정은 사라진다. 목적이 성취될 때까지는 운동변화나 생성소멸의 과정이 완결되지 않는다는 의미에서 운동변화나 생성소멸의 과정은 불완전할 수밖에 없다.

그러나 쾌락은 목적을 향하여 나아가고 있는 모종의 운동변화의 과정 혹은 생성소멸의 과정일 수 없다. 왜냐하면 시간적으로 지속하는 것만이 운동하고 변화할 수 있기 때문이다.

경험적으로는 쾌락이 마치 시간적으로 지속하는 어떤 상태요, 시간과 더불어 운동변화의 과정을 거치는 것처럼 우리에게 인식된다. 다시 말해서 우리가 쾌락을 경험적으로 느끼고 있을 동안에는 어느 순간이든 시간과 더불어 쾌락의 정도와 쾌락의 질이 변화할 수 있는 것처럼 보인다. 하지만 존재론적 관점에서 보면 쾌락의 경험이 시작될 때부터 쾌락이 지속되는 동안 내내 쾌락은 완결되어 있으며, 변화하거나 완전하게 되고 있는 것이 아니다. 쾌락 그 자체는 그것이 현실적으로 존재할 때 이미 완결되어 있다는 말의 의미는 이렇다. 우리가 경험하는 쾌락이 시간적으로 지속하지 않는다는 것이 아니라, 시간적으로 지속하는 동안 운동변화하지 않는다는 것이다.

아리스토텔레스에 의하면, 우리는 또 다른 통찰로부터도 쾌락이 완전한 혹은 전체적인 어떤 것임을 알 수 있다고 한다. 시간 안에서 운동변화의 과정을 겪는 것들과는 달리 우리는 시간 안에서 쾌락을 느낄 필요가 없다. 예를 들어 보자. 우리는 '지금' 쾌락을 느끼고 있다. 여기에서 '지금'이라는 말에는 일정한 완전성이나 전체성이 포함되어 있으며, '지금'이라는 말은 쾌락의 완성을 위해서 '지금' 그 자신을 넘어서 있는 것을 지시하지 않는다.

더 나아가서 쾌락의 운동변화과정이나 생성소멸과정이 있다고 말하는 것은 잘못이라는 귀결이 나온다. 구별되거나 분리될 수 있는 부분을 전혀 가지고 있지 않은 것은 어떤 과정

으로부터 생성소멸하거나 결과할 수 없다. 왜냐하면 분할 불
가능한 것 중에서 운동변화의 과정이나 생성소멸의 과정을
거칠 수 있는 것은 아무 것도 없기 때문이다. 만약 어떤 사물
이 생성된다면 부분이 차례차례로 존재하게 된다. 그러나 쾌
락에는 부분이 없다. 쾌락이 있을 때에는 모든 것이 한꺼번에
완전하게 존재한다. 이런 의미에서 쾌락은 하나의 전체이다.
건축의 예를 들어 보자. 건축은 그것이 목표 삼는 것(집)이 현
실적으로 존재하게 되었을 때에 비로소 건축의 과정이 끝나
게 되고 가능태로 존재하고 있던 '건축'의 형상(形相)이 현실태
로 존재하게 된다. 이에 반하여 시각이나 쾌락은 부분들로 나
누어질 수 없는 하나의 전체이기 때문에, 따로 목표 삼는 것
이 없다. 따라서 시각이나 쾌락은 그것들이 현실적으로 존재
하게 되는 순간 이미 가능태로 존재하고 있던 시각이나 쾌락
의 형상이 현실태로 존재한다.

아리스토텔레스는 쾌락이 운동변화의 과정이나 생성소멸의
과정에 수반되는 것이 아니라 활동에 수반되는 것임을 설명
하기 위하여 쾌락을 '관조하는 것'에 비유하고 있다. 관조한
다는 것은 하나의 활동이며, 따라서 '지속적인 품성의 상
태'(hexis)로서의 관조능력이 가능태로서 존재하고 있다가 현
실적으로 발휘되는 것을 의미한다.

아리스토텔레스가 여기에서 말하고 있는 지속적인 품성의
상태로서의 관조 능력은 단순히 감각적으로 사물을 잘 볼 수

있는 능력, 즉 감각 능력인 바의 본성적 능력과는 다른 차원의 능력이다. 기하학자에게는 지속적인 품성의 상태로서 '인식할 수 있는 능력'이 있는 반면에 어린 아이에게는 본성적 능력으로서 '단순히 볼 수 있는 능력'이 있을 뿐이다. 단순히 볼 수 있는 능력은 우리가 탄생함과 동시에 우리에게 주어져 있다는 의미에서 선천적이다.

아리스토텔레스의 견해에 따르면, 감각기관에 대한 후천적 훈련이란 전혀 없으며, 어떤 소년이 기하학을 배울 적에 그 과정에 상응하는 감각능력의 점진적 발전이란 있을 수 없다. 어린 아이는 태어나는 순간 이미 인식의 형식 안에 감각능력을 가지고 있다. "감각능력처럼 본성적으로 우리에게 생기는 모든 것에 있어서 우리는 먼저 가능태를 얻고 그 후에 활동을 전개한다. 이것들은 감각들을 살펴보면 명백히 드러나는 일이다. 우리는 자주 보거나 자주 들음으로써 시각기관이나 청각기관을 가지게 된 것이 아니고 오히려 이와는 반대로 이런 감각들을 사용하기 이전에 이미 시각기관이나 청각기관을 가지고 있었던 것이다. 그러나 덕의 경우에는 우리가 먼저 실천함으로써 비로소 덕을 얻게 된다. 여러 기술의 경우에 있어서도 이와 마찬가지이다. 우리가 먼저 그것을 함으로써 비로소 배워 알게 되는 것이다. 이와 마찬가지로 우리는 옳은 행위를 함으로써 옳게 되고 절제 있는 행위를 함으로써 절제 있게 되며 용감한 행위를 함으로써 용감하게 된다." 이처럼 아리스토텔레스는 사물을 잘 인식하거나 올바르게 행하는 능력을 감각능력과 같은 본성적 능력과 구별하여 헥시스(hexis), 즉 '지속적인 품성의 상태'로서의 능력이라고 명명하고 있다.

요컨대 아리스토텔레스는 쾌락을 완성되고 있는 운동변화의 과정 혹은 생성소멸의 과정이라고 보는 사람들에 반대하여 이들이 운동변화의 과정 혹은 생성소멸의 과정과 활동의 구별을 무시했다고 주장하고 있다. 생성소멸의 과정은 감각능력처럼 본성적으로 우리에게 생기는 능력으로부터 '지속적인 품성의 상태로서의 능력'에로의 이행에 대해서만 적절하게 적용될 수 있는 용어이다. 다시 말해서 본성적 능력으로부터 에피스테메(episteme)나 프로네시스(phronesis)와 같은 지속적인 품성의 상태로서의 능력을 획득하기까지의 과정은 운동변화의 과정 혹은 생성소멸의 과정이라고 할 수 있다.

그 반면에 이미 지속적인 품성의 상태로서의 덕을 소유하고 있는 사람이 덕(가령 프로네시스)을 실천하거나 지속적인 품성의 상태로서의 에피스테메를 소유하고 있는 기하학자가 기하학적 원리를 인식하는 활동은 전혀 이행이나 과정이 아니라, 이미 거기에 있었던 것이 순간적으로 혹은 무시간적으로 드러나는 것이다.

본성적으로 우리에게 주어져 있는 능력으로부터 지속적인 품성의 상태에로의 이행은 사물이 완성되어 가는 과정이다. 그와 같은 이행 중에 있는 사물은 변경되고 있고 점점 더 완전해지고 있다. 그러한 발전에 있어서 모든 단계는 시간이 걸리고 상이한 각 단계들은 전 단계와 다르다. 사물은 운동변화의 과정이나 생성소멸의 과정을 거치는 동안은 불완전하며, 운동변화의 과정이나 생성소멸의 과정 그 자체가 끝난 후에만 사물의 본성이 완전하게 실현된다.

그러나 지속적인 품성의 상태로부터 인식 활동에로의 전환, 가령 지속적인 품성의 상태로서의 에피스테메가 현실적으로 드러나는 것은 하나의 활동이며 운동변화의 과정이나 생성소멸의 과정과는 전혀 다르다. 지속적인 품성의 상태로부터 인식 활동에로의 전환은 순간적이고 즉각적으로 일어난다. 시간이 걸리거나 단계적으로 발전하는 이행이 아니다. 이와 같은 전환에는 발전하고 있는 것이 아무 것도 없다. 거기에는 점진적으로 전체를 구축한다는 것이 없다. 부분과 부분의 부착도 없으며, 단계적 진보도 없다. 활동이 있을 때에는 언제나 활동이 그것 자신인 바의, 그리고 그것 자신일 수 있는 것의 전부이다. 활동은 그 자체의 어떤 순간에나 모든 순간에 전체이고 완전하다. 아리스토텔레스에 의하면, 진정한 의미에서의 쾌락은 이러한 활동에 수반되는 유쾌한 감정이다.

아리스토텔레스의 주장을 요약하면 다음과 같다. 첫째, 쾌락은 그 자체 모종의 운동변화의 과정이나 생성소멸의 과정에서 우리에게 주어지는 것이 아니라 모종의 활동에 수반되는 것이다. 왜냐하면 경험적으로는 쾌락이 시간 안에서 지속하거나 변화하는 것처럼 느껴지지만, 전혀 시간적 지속에 의존하지 않고 존재한다는 것이 쾌락의 존재론적 특성이기 때문이다. 둘째, 현실적으로 쾌락이 존재하기 위한 조건이 무엇이든 간에 쾌락 그 자체에는 역사가 없으며 점진적으로 쾌락이 생기는 것도 아니다.

이처럼 쾌락은 '무엇을 보는 것'(시각)과 마찬가지로 어느 때이든 완결되어 있으며, 이 때문에 어떤 목적을 향해 나아가는 운동변화의 과정이나 생성소멸의 과정과 구별된다. 아리스토텔레스에 의하면, 어느 때이든 그 형상이 완결되어 있는 것이 바로 활동이다. 따라서 쾌락은 하나의 활동이다. 여기에서 아리스토텔레스는 쾌락이 활동과 동일하다고 주장하고 있는 것이 아니라, 양자가 논리적으로 혹은 사유 안에서 서로 구별될 수는 있으나 현실적으로는 분리될 수 없다는 점을 강조하고 있다.

제7절 쾌락의 존재이유

그렇다면 쾌락이 존재하는 이유는 무엇인가? 아리스토텔레스는 이 물음에 대하여 다음과 같이 대답하고 있다. "쾌락은 활동을 완전하게 한다. …… 쾌락은 육체적 전성기가 청춘의 우아함을 낳게 하는 것과 같은 방식으로 활동을 완전하게 한다.” 이 논증에서 아리스토텔레스는 인과적 원리와 형상적(形相的) 원리의 구별에 의하여 ‘쾌락이 활동을 완전하게 한다.’는 말의 의미를 설명하고 있다. 의사는 건강한 상태를 낳게 하기 위한 인과적 원리이다. 여기에 반하여 건강은 건강한 상태를 낳게 하기 위한 형상적 원리요, 육체적 전성기도 청춘의 우아함을 낳게 하기 위한 형상적 원리이다. 이런 의미에서 쾌락은 활동을 완전하게 하기 위한 형상적 원리이다. 이처럼 쾌락이 활동을 완전하게 하는 것이라면, 쾌락은 삶으로부터 분리될 수 없다. 왜냐하면 산다는 것은 활동이요, 쾌락은 삶을 완전하게 하기 때문이다.

아리스토텔레스에 의하면, 인간의 모든 활동 즉 ‘감각(aisthesis) 활동’, ‘사유(dianoia) 활동’, ‘관조(theoria) 활동’에는 쾌락이 수반될 수 있다. 다시 말해서 그러한 활동의 주체는 유쾌할 수 있다. 그러한 활동의 주체는 활동 자체가 진리를 인식하거나 도덕성을 실현하는 방향으로 전개되고, 방해받지 않고 전개되는 한에 있어서 유쾌하다. 이런 의미에서 활동이 진리를 인식하거나 도덕성을 실현하는 방향으로 전개되기 위한 조건은 동시에 쾌락이 존재하기 위한 조건이 된다. 완전하게 활동하기 위한 조건이 갖춰지고 외적인 장애요인이 없다면 반드시 쾌락이 있을 것이요, 쾌락은 그 활동을 강화시켜 줄 것이다.

그렇다면 그 누구도 지속적으로 쾌락을 느낄 수 없는 이유는 무엇인가? 그것은 인간이 연속적으로 활동할 수 없기 때문이다. 활동의 연속에 균열이 있을 때 쾌락의 연속에도 균열이 생기고 쾌락은 더 이상 존재하지 않는다. 왜냐하면 쾌락은 활동에 의존하기 때문이다. 다른 많은 경우들에 있어서도 신선함이 활동을 강화시켜주며 쾌락을 야기한다. 그러나 시간이 지나면서 신선함이 떨어지게 되면, 활동은 낮은 수준으로 가라앉게 되고 쾌락은 사라지고 만다.

모든 사람이 쾌락을 추구하는 것은 모든 사람이 살고자 욕구하기 때문이다. 이 욕구는 모든 피조물에게 가장 근본적인 본능적 욕구이다. 삶은 일종의 활동이다. 인간은 자기가 가장 사랑하거나 자기에게 가장 많은 쾌락을 주는 일들이나 영역에서 더 활동적이다. 예를 들어 음악가는 청각을 가지고 멜로디와 관련해서 활동하고, 진리를 사랑하는 사람들은 사유를 가지고 인식 대상들과 관련해서 활동한다. 쾌락은 그러한 활동들을 완성시키고 사람들이 추구하는 삶도 완성시킨다.

아리스토텔레스에 의하면, 모든 쾌락은 활동을 전제한다. 다시 말해서 활동이 없는 곳에서는 쾌락도 존재하지 않는다. 쾌락은 활동을 완성시키고 완전하게 한다. 그러나 활동은 방해받을 수 있으며 장애물과 조우할 수도 있다. 따라서 활동 중에는 고통스러운 활동은 아닐지라도 쾌락을 결여하는 활동도 있을 수 있다.

다른 한편으로 아리스토텔레스에 의하면, 활동을 감정과는 상관없이 완전한 것으로서 간주하는 것은 잘못이다. 모든 인

간 활동에는 감정(쾌락 혹은 고통의 감정)이 들어 있다. 만약 쾌락
의 감정이 활동을 완전하게 한다면, 쾌락의 부재(즉 고통 혹은
적어도 무관심이나 관심부족)는 활동의 완성을 감소시키지 않을까?
아리스토텔레스는 극단적인 경우들에서 그러하다는 것을 확
인한다. 아리스토텔레스는 또한 모든 경우에 있어서 고통 혹
은 싫증이 제대로 활동하지 못하게 하는 경향이 있음을 인정
한다. 그러한 경우에 시간이 지속된다고 해서 활동이 완성되
는 것은 아니다. 오히려 활동이 완전한지 불완전한지는 쾌락
혹은 고통에 의하여 치명적인 영향을 받는다.

제8절 쾌락의 종류와 서열

쾌락의 가치에도 서열이 있다는 것을 보여주기 위하여 아
리스토텔레스는 우선 여러 가지 종류의 쾌락이 있다는 논점
을 수립한다.

첫째, 쾌락은 그것을 수반하는 활동을 완전하게 하며 종류
가 다른 사물은 각 사물의 존재목적을 성취하기 위해서 다른
종류의 활동을 필요로 하기 때문에 여러 가지 종류의 쾌락이
있게 된다.

둘째, 활동과 쾌락은 불가분리적으로 결합되어 있으며 활
동은 그것과 결합되어 있는 쾌락에 의해서 증대되거나 강화
되기 때문에 여러 가지 종류의 쾌락이 있게 된다. 어떤 사람

이 자신의 일에서 쾌락을 많이 얻으면 얻을수록 그는 자신의 일에 보다 더 전념하게 될 것이다. 어떤 활동을 강화시키는 쾌락은 특별히 그 활동과 연관되는 쾌락이다. 그 쾌락이 그 활동을 증대시키는 이유는 그 쾌락이 그 활동에 고유한 쾌락이기 때문이다.

셋째, 어떤 활동과 결부되어 있는 쾌락은 다른 활동을 방해하기 때문에 여러 가지 종류의 쾌락이 있게 된다. 방해가 심하면 심할수록 두 활동이 분리되는 간격은 넓어진다. 사실 음주의 쾌락은 고통만큼이나 사유 활동을 방해한다. 다시 말해서 만약 사유가 어떤 사람에게 고통스럽거나 싫증나는 것이라면, 그리고 만약 그 활동이 고통의 감정과 결부되어 있다면, 그는 사유하지 않을 것이다. 만약 술병이 그의 곁에 있고 음주의 쾌락에 의하여 마음이 산란하게 된다면 그는 역시 사유하지 않을 것이다.

쾌락의 가치에도 서열이 있다는 것을 보여주기 위하여 아리스토텔레스는 이어서 다음과 같이 추론한다. "쾌락의 가치는 그 쾌락을 수반하고 있는 활동의 가치에 따라 달라진다. 욕망이나 욕구조차도 그것이 이끌어 가는 활동에 따라 좋을 수도 있고 나쁠 수도 있으며 가치 있을 수도 있고 가치 없을 수도 있다. 다시 말해서 욕망이나 욕구의 좋고 나쁨은 욕망이나 욕구를 어떤 활동을 통해서 충족시키는가에 달려 있다. 이것은 쾌락에 대해서는 한층 더 참이다. 왜냐하면 쾌락은 불가

분리적으로 활동과 결부되어 있어서 쾌락과 활동이 동일한 것이 아닌가 하는 논란이 생겨날 정도이기 때문이다. 쾌락과 활동은 현실적으로 분할되거나 분리될 수는 없지만, 동일한 것은 아니다. 왜냐하면 사유의 쾌락이나 감각의 쾌락은 사유 활동이나 감각 활동 그 자체가 아니기 때문이다."

아리스토텔레스에 의하면, "우리는 '쾌락이 좋은 것인가 나쁜 것인가?'라는 추상적이고 공허한 물음을 제기해서는 안 된다. 진정한 물음은 언제나 지금 여기에 있는 이 쾌락이 얼마나 좋은가 혹은 나쁜가라는 물음이다. 그리고 아리스토텔레스는 다음과 같이 지적한다. 다양한 활동이 가치의 크기에 따라 서열이 정해지는 것과 마찬가지로, 활동과 결부되어 있는 쾌락에도 가치의 크기가 있다. 예를 들어 시각 활동은 촉각 활동보다도 더 순수한 활동이며, 청각 활동과 취각 활동은 미각 활동보다도 더 순순한 활동이며, 사유 활동은 어떤 형식의 감각 활동보다도 더 순수한 활동이다." 그리고 각각의 쾌락의 가치는 바람직한 인간의 삶에 얼미니 기여히는기에 따라 평가되어야 한다.

모든 종류의 피조물에 고유한 기능과 활동이 있듯이, 모든 종류의 피조물에는 쾌락이 있다. 그렇다면 인간에게 고유한 쾌락은 무엇인가? 이 문제는 답변하기 어려운 문제이다. 왜냐하면 인간과 인간 간에는 큰 차이가 있기 때문이다. 그러나 감각의 문제에서처럼 여기에서 표준이 되는 인간은 건강하거나 정상적으로 성장한 인간이다. 인간적인 쾌락은 최선의 혹은 전형적으로 잘 성장한 인간본성이 즐기는 쾌락이다. 그리고 만약 그런 활동들에 싫증을 내는 사람들이 많이 있다고 하더라도 우리는 당황해서는 안 된다. 인간본성이 왜곡되고 타락한 경우들이 많이 있기 때문이다. "적어도 인간의 경우에 있어서는 선호하는 쾌락들 간에 적지 않은 차이가 있다. 동일한 것이 어떤 사람들에게는 즐거움을 주지만 다른 어떤 사람들에게는 고통을 준다. …… 그러나 신실한 사람에게 그렇게 보이는 것은 실제로도 그런 것 같다. …… 선한 사람이 각각의 사안에 있어서 척도(metron)라는 것이 사실이라면, 쾌락 또한 선한 사람에게 쾌락으로 보이는 것이 쾌락일 것이며 이 사람이 기뻐하는 것이 쾌락일 것이다. 설령 그에게 불쾌한 것들이 어떤 사람에게는 유쾌한 것으로 보인다고 하더라도 전혀 놀랄 일이 아니다. 왜냐하면 인간은 파괴되기 쉽고 망가지기 쉽기 때문이다. 그러나 이것은 실제로 유쾌한 것이 아니며, 그런 사람들과 그런 상태에 빠진 사람들에게만 유쾌한 것이다."

타락한 사람들이 즐기는 쾌락들을 배제하고 난 후 선한 사람들이 즐기는 쾌락들을 우리는 어떻게 서열지어야 하는가? 훌륭한 삶을 이루고 있는 활동들의 상대적 가치에 따라 서열지어야 하는 것이 분명하다. 완전하고 지극히 복 받은 인간의 활동이 하나이든 그 이상이든 이러한 활동을 완성시키는 쾌락이야말로 진정한 의미에서 인간에게 고유한 쾌락이라고 할서 인간에게 속하는 쾌락이라고 할 수 있다.

제9절 윤리학적 의의

지금까지 살펴본 바와 같이, 아리스토텔레스에게 있어서 쾌락은 운동변화의 과정이나 생성소멸의 과정에 수반되는 모종의 감각 내지 느낌이 아니라 활동 그 자체에 수반되는 것으로서 논리적으로 혹은 사유 안에서만 활동과 구별될 수 있는 그 무엇일 뿐이다.

아리스토텔레스에 의하면, 인간은 자연으로부터 이성을 부여받은 생명존재이며 인간의 고유한 기능은 세계를 이해하고 도덕성을 실현하는 것이다. 따라서 진정한 의미에서의 쾌락은 진리를 인식하고 도덕성을 실현하는 활동에 수반되는 쾌락뿐이다.

아리스토텔레스는 자신의 저서 『형이상학』에서 순수인식이 신의 본성이라고 말하고 있다. 아리스토텔레스에 의하면, 순수한 인식활동은 그 자체가 곧 쾌락이다. 아리스토텔레스는 인간적으로 가능한 한에 있어서 이러한 활동을 많이 실현하는 것이 인간의 주요한 존재목적이라고 생각하고 있었던 것이다. 만약 우리가 인간본성에 관한 아리스토텔레스의 견해를 받아들인다면, 우리는 현대의 두 함정을 피할 수 있다. 하나는 쾌락 그 자체를 목적으로 삼는 심리적 경향성이고, 다른 하나는 모든 쾌락이 악이라는 청교도적인 접근이다.

'인생을 즐겨라!'라는 말이 있다. 대부분의 사람들은 이 말을 살아 있는 동안 온갖 종류의 육체적 쾌락과 오락을 즐기라는 뜻으로 오해한다. 그러나 이 말은 삶의 결과에 얽매이지 말고 그때그때의 삶 그 자체에 충실하고 삶을 사랑하라는 뜻이다. 그렇다고 해서 삶의 결과를 무시하라는 것은 아니다. 삶의 결과보다는 그때그때의 삶 그 자체에 삶의 의미를 두는 것이 옳은 생각이라는 뜻이다. 우리는 또 '노동(일)의 즐거움'이라는 말을 자주 사용하는데, 이 말의 의미도 아리스토텔레스가 쾌락을 설명하면서 염두에 두고 있는 것과 정확하게 일치한다. 왜냐하면 육체적 노동이든 정신적 노동이든 '노동의 즐거움'이란 노동의 과정 혹은 노동의 결과에 수반되는 유쾌한 느낌이 아니라, 노동 활동 그 자체의 즐거움을 의미하기 때문이다. 따라서 아리스토텔레스가 말하는 쾌락은 우리말로 '즐거움'이라고 표현하는 것이 더 낫다. 왜냐하면 '인생의 즐거움'이나 '일의 즐거움'이라는 표현은 우리말 어법상 자연스럽지만, '인생의 쾌락'이나 '노동의 쾌락'이라는 표현은 너무나 어색하기 때문이다.

아리스토텔레스의 관점에서 보면, 무절제한 사람은 먹고 마시는 것에 탐닉할 때 먹고 마시는 활동 그 자체를 즐기는 것이 아니라 먹고 마시는 과정이나 먹고 마신 결과에 수반되는 유쾌한 느낌을 즐긴다. 예를 들어 알코올중독자나 섹스중독자는 음주나 섹스 그 자체를 즐기는 것이 아니라 만취상태에서의 몽롱함이나 성적 관계를 통한 황홀함을 즐길 뿐이다. 다시 말해서 알코올중독자나 섹스중독자는 음주를 매개로하여 즐거운 대화를 나누거나 섹스를 통하여 사랑하는 사람과 인격적으로 교류하고 사회적 책임을 약속하는 활동에 수반되는 쾌락을 즐기는 사람이 아니다.

이처럼 육체적 정신적 행위의 과정이나 결과에 수반되는 유쾌한 느낌이 아니라, 육체적 활동이나 정신적 활동이 진리를 인식하거나 도덕성을 실현하는 방향으로 전개될 때 활동 그 자체에 수반되는 유쾌한 느낌이 진정한 의미의 쾌락이라는 아리스토텔레스의 쾌락이론은 철학적으로 매우 유명한 학설이다. 우리 모두 아리스토텔레스를 통해서 쾌락의 진정한 의미를 윤리학적 차원에서 다시 한 번 성찰할 필요가 있다.

심리적 쾌락과 고통의 대립에 대한 논리적 분석

제1절 심리적 쾌락의 본질적 속성

심리적 쾌락과 관련되는 긍정적인 감정들의 범위는 매우 넓다. 일상생활에서 오는 즐거움을 비롯하여 기쁨과 반가움, 만족감, 유쾌함, 신명남, 희열감, 들뜸, 득의만만함, 의기양양함, 행복감, 지복의 느낌, 흥미 있음, 재미있음, 유머러스한 느낌, 설렘, 성적 황홀함, 흥겨움, 안도감, 발랄함 등이 모두 심리적 쾌락과 관련되는 긍정적인 감정들이다. 이러한 감정뿐만 아니라 이와 유사한 심리적 사건들을 포괄하는 유개념이 바로 심리적 쾌락이다. 다시 말해서 명확한 감각적 즐거움뿐만 아니라 매우 세련되고 미묘한 지성적 정서적 만족감도 '심리적 쾌락'이라는 말의 포괄적 의미에 포함된다. 유개념으로서 쾌락 대신에 '행복'이라는 단어를 사용하는 철학자도 있다. 행복을 고통에 대립시키면서 쾌락, 만족감, 기쁨, 축복 등을 행복에 포함시키는 독일의 현대철학자 하르트만(N. Hartmann, 1882-1950)이 대표적이다.

심리적 쾌락이라는 개념의 본질적 속성은 '유쾌한 느낌'이다. 이것은 인간이라는 개념의 본질적 속성이 '이성을 소유하고 있음'인 것과 같다. 유쾌한 느낌이 육체적 행위에서 유래했든 정신적 행위에서 유래했든, 이 유쾌한 느낌에 의해서 어떤 심리적 사건이 쾌락인 심리적 사건으로 된다. 그렇다면 심리적 쾌락이라는 개념의 반대개념은 무엇인가?

제2절 속성 간의 반대관계와 모순관계

심리적 쾌락이라는 개념의 반대개념에 대해서 탐구할 때, 우리가 의미하고 있는 것은 유쾌한 느낌과 반대관계에 있는 것들은 무엇인가에 대하여 탐구한다는 것이다. 따라서 '심리적 쾌락이라는 개념의 반대개념은 무엇인가?'라는 물음은 '쾌락이라는 개념의 본질적 속성인 유쾌한 느낌과 반대관계에 있는 것들이 무엇인가?'라는 물음으로 환원될 수 있다. 이 물음에 대답하기 위해서는 어떤 두 속성 간의 반대관계와 모순관계의 차이를 이해할 필요가 있다.

어떤 속성이든 속성은 스스로 존재할 수 없다. 그래서 모든 속성은 자신이 의존해야 할 담지자(擔持者)를 필요로 한다. 명제들 간의 반대관계는 두 명제가 동시에 거짓일 수는 있어도 동시에 참일 수는 없는 관계이다. 그 반면에 속성들 간의 반대관계는 두 개의 속성을 모두 동일한 담지자에 적용하지 않을 수는 있어도, 두 개의 속성을 동시에 동일한 담지자에 적용하는 것이 불가능한 관계이다. 가령 '뜨겁다'는 속성과 '차다'는 속성에 대해서 생각해 보자. 이 두 속성의 담지자가 물이라고 가정한다면, 동일한 물이 뜨거운 것도 아니고 찬 것도 아닐 수는 있어도(가령 미지근할 수는 있어도), 동일한 물이 뜨거운 동시에 찰 수는 없다. 이런 의미에서 '뜨겁다'는 속성과 '차다'는 속성은 반대관계에 있다.

명제들 간의 모순관계는 두 명제가 동시에 참일 수도 없고 동시에 거짓일 수도 없는 관계이다. 그 반면에 속성들 간의 모순관계는 시간 t에 두 속성을 동일한 담지자에 적용하는 것이 불가능한 관계이다. 가령 '뜨겁다'는 속성과 '차다'는 속성에 대해서 생각해 보자. 이 두 속성의 담지자가 물이라고 가정하자. 만약 시간 t에 어떤 물이 뜨거운 물이라면 그 물이 차지 않다는 것이 명백하며, 만약 어떤 물이 찬 물이라면 그 물이 뜨겁지 않다는 것이 명백하다. 이런 의미에서 '뜨겁다'는 속성과 '차다'는 속성은 모순관계에 있다.

이처럼 모순관계가 속성에 적용되었을 때, 모순관계는 반대관계의 특별한 하나의 사례가 된다. 왜냐하면 속성들 간의 반대관계는 논리적으로 모순관계를 함의하고 있기 때문이다. 따라서 '뜨겁다'는 속성과 '차다'는 속성은 반대관계일 수도 있고 모순관계일 수도 있다.

심리적 쾌락이라는 개념의 본질적 속성인 유쾌한 느낌과 논리적으로 관련되는 담지자의 범주는 심리적 사건이다. 따라서 유쾌하다는 속성과 반대관계에 있는 속성들은 유쾌하다는 속성과 동시에 동일한 담지자에 적용되는 것이 불가능한 속성들일 것이다. 그러한 속성 중의 하나가 바로 불쾌하다는 속성이다. 왜냐하면 어떤 심리적 사건이 유쾌하지도 않고 불쾌하지도 않을 수 있지만, 그 심리적 사건이 유쾌함과 동시에 불쾌할 수는 없기 때문이다.

불쾌하다는 속성은 유쾌하다는 속성과 모순관계에 있기도 하다. 왜냐하면 어떤 심리적 사건이 시간 t에 유쾌하다면 불쾌한 것이 불가능하고, 어떤 심리적 사건이 t에 불쾌하다면 유쾌한 것이 불가능하기 때문이다. 따라서 '유쾌하다'는 속성과 '불쾌하다'는 속성은 반대관계일 수도 있고 모순관계일 수도 있다. 이때 이 두 속성의 반대관계는 이 두 속성의 모순관계를 함의한다.

제3절 쾌락-중립적 사건

이런 의미에서 유쾌하다는 속성의 모순적 대립자(가령 불쾌하다는 속성)가 있다는 사실은 별로 중요한 문제가 아니다. 중요한 것은 이 모순적 대립자가 유쾌하다는 속성의 자연적인 모순적 대립자인지의 문제이다. 가령 '살아 있다'는 속성과 '죽었다'는 속성은 생명체를 담지자로 하는 자연적인 모순적 대립자이다. 왜냐하면 살아 있는 것도 아니고 죽은 것도 아닌 생명체란 있을 수 없기 때문이다. 유쾌하다는 속성에도 이런 종류의 모순적 대립자가 있는가? 다시 말해서 '유쾌하다'는 속성과 '불쾌하다'는 속성의 대립도 '살아 있다'는 속성과 '죽었다'는 속성의 대립과 같은 종류의 모순적 대립자일 수 있는가?

이 문제와 관련해서 플라톤(Platon, BC 427-347)의 저서 『필레보스』에 영향력 있는 하나의 견해가 있다. 이 견해에 따르면, 쾌락은 고통(혹은 불쾌)과 대조적으로 정의되어야 한다. 그렇게 하기 위한 가장 간단한 방법은 고통이 아닌 심리적 사건을 쾌락이라고 주장하는 것이다. 그렇다면 쾌락은 고통의 부재 혹은 결여일 것이고 유쾌한 느낌은 불쾌한 느낌의 결여가 될 것이다.

그러나 불쾌하다(혹은 고통스럽다)는 속성이 유쾌하다는 속성의 자연적인 모순적 대립자인지는 의심스럽다. 왜냐하면 고통 혹은 불쾌가 쾌락 아닌 것의 전부는 아니기 때문이다. 쾌락 아닌 것에는 쾌락에 무관심한 사건들도 있다. 쾌락에 무관심한 사건들이란 유쾌한 것도 아니고 불쾌한 것도 아닌 사건들이다. 우리는 그런 사건들을 '쾌락-중립적 사건'이라고 명명할 수 있다. '쾌락-중립적 사건'이라는 표현이 '쾌락에 무관심한 사건'이라는 표현보다 더 낫다. 왜냐하면 후자는 하나의 태도를 언급하는데 쾌락, 불쾌 및 쾌락과 불쾌를 매개하는 심리적 사건을 반드시 하나의 태도라고 가정해서는 안 되기 때문이다. 쾌락이 고통 혹은 불쾌의 단순한 결여와 같은 것이라면(다시 말해서 쾌락과 고통 혹은 불쾌가 자연적인 모순적 대립자라면), 논리적 관점에서 우리는 쾌락-중립적 사건이 존재할 가능성을 부인해야 한다.

고통이 없음을 쾌락으로 간주하는 이론들은 일반적으로 고통을 기반으로 해서 쾌락을 보다 더 정교하게 정의하고자 시도해 왔다. 고통이 없음을 쾌락으로 간주하는 이론의 대부분은 쾌락이 단순히 고통의 결여와 같다기보다는 고통의 중단 혹은 보다 더 일반적으로 고통으로부터의 회복을 쾌락(특히 육체적 쾌락)과 동일시한다. 고통이 없음을 쾌락으로 간주하는 이론의 대표자로는 플라톤을 들 수 있다. 특히 칸트(Immanuel Kant, 1724-1804)는 고통이 없음을 육체적 쾌락으로 간주한다. 이러한 가정들은 그 나름의 문제점을 안고 있다. 가령 그 가정들은 순수한 쾌락, 즉 앞선 고통이 없는 쾌락을 인정하지 않는다. 그러나 이 가정들은 쾌락-중립적 사건의 논리적 가능성을 부정하지는 않는다. 따라서 이 가정들로부터 쾌락과 고통이 모순관계에 있다는 결론이 나오는 것은 아니다.

쾌락과 모순관계에 있는 것에는 이질적인 두 종류의 사건, 즉 불쾌한 심리적 사건과 쾌락-중립적 심리적 사건이 포함되어 있기 때문에 본래부터 쾌락과 모순되는 것은 없다. 따라서 쾌락은 고통 혹은 불쾌를 부정하는 방식으로 정의될 수 없으며, 고통 혹은 불쾌가 쾌락을 부정하는 방식으로 정의될 수도 없다.

제4절 양극 대립에 대하여

고통과 쾌락이 모순관계에 있지 않다면, 고통과 쾌락의 관계는 논리적으로 어떤 종류의 관계일 수 있을까? 속성들 간의 관계에 있어서 모순관계가 아닌 모든 종류의 반대관계를 가리키기 위하여 '대립'이라는 용어를 사용하기로 하자. 두 속성이 반대관계에 있지만 모순관계에는 있지 않다면, 그 두 속성은 대립하고 있다.

몇 종류의 대립이 있다. 예를 들어 정도에 있어서 다양한 종류의 쾌락이 있다면, 정도가 다른 쾌락들은 스칼라적으로 대립하고 있다. 스칼라 대립은 같은 질서에 속하는 속성들 상호간의 대립을 의미한다. 10m의 길이와 11m의 길이 혹은 붉

은 것과 푸른 것처럼 단계적 표현이 가능한 술어들이 전형적
이다. 정확하게 10m의 길이가 무엇이든 10m의 길이는 정확하
게 11m가 아니며, 온통 붉다는 것이 무엇이든 온통 푸른 것은
아니다. 스칼라 대립은 동일한 질서에 속하는 속성들 간의 반
대관계라고 정의될 수 있다. 어떤 쾌락도 정도 n으로 유쾌하
면서 정도 n +1로 유쾌할 수는 없다.

　다른 하나의 중요한 대립은 양극대립의 관계이다. 예를 들
어 좋음이라는 속성과 나쁨이라는 속성 혹은 양의 실수라는
속성과 음의 실수라는 속성은 양극대립의 관계에 있다. '남자'
라는 속성과 '여자'라는 속성, '총각'이라는 속성과 '처녀'라는
속성, '위'라는 속성과 '아래'라는 속성, '작다'는 속성과 '크
다'는 속성, '오다'라는 속성과 '가다'라는 속성 등의 대립과
같은 의미론적 반의어(反意語)는 전형적으로 양극 대립하는 속
성들을 표현한다. 양극대립은 대부분 언어학자들의 연구 영역
이다. 양극대립을 정의하는 방식 중의 하나는 다음과 같다.
두 속성 F와 G가 반대관계에 있다면, F와 G는 양극적으로 대
립한다. 그리고 F와도 반대관계에 있고 G와도 반대관계에 있
는 모든 속성 H는 F와 G '사이에' 있다. 어느 한 질서의 다른
모든 술어와는 달리 그 질서의 양 극단에 있는 술어들은 그
자체 그 질서의 다른 술어들 사이에 있지 않다. 따라서 회색
은 흑색과 백색 사이에 있지만, 백색은 회색과 어떤 색(그 연속
체의 다른 어떤 술어) 사이에 있지 않다. 이러한 정의에 의하면,

양극대립은 어떤 질서의 어느 술어와도 관계하는 것이 아니라, 가장 멀리 있는 술어들과만 관계한다. 양극대립에 대한 이러한 정의는 그 유래가 아리스토텔레스에게 있다. 아리스토텔레스적인 사유노선을 따르면, 한 질서나 연속체의 양 극단 혹은 양 경계는 독특한 대립관계에 있다. 이러한 정의에서 중요한 역할을 하는 '사이에 있음'은 술어 F, H 및 G의 순서가 정해져 있다는 것을 암시한다. 그러한 대립이 정말로 순서가 정해진 술어들 사이에서만 유지된다면, 그러한 대립은 스칼라 대립의 아종(亞種)이라고 볼 수 있다. 그러한 대립을 양극대립이라고 명명하기보다는 '양극 스칼라 대립'이라고 명명하는 것이 더 낫다. 양극 스칼라 대립은 동일한 질서에 속하고 이 질서의 경계를 짓는 속성들 간의 반대관계라고 정의될 수 있다.

양극 스칼라 대립보다도 '양극대립'이라는 이름을 부여받을 만한 가치가 더 있는 다른 종류의 대립이 적어도 하나는 존재한다. 쾌락과 정말로 양극적으로 대립하고 있는 것들과 쾌락 간의 대립을 이해하기 위해서는 당연히 이런 종류의 양극대립이 필요하다. 양극 스칼라 대립은 흑과 백, 대머리와 숱이 많은 머리, 가장 멀리 있는 것과 가장 가까이 있는 것 사이의 대립을 담아낸다. 그와 같은 양극 스칼라 대립들은 실은 양극대립자가 아니다. 좋음과 나쁨, 갈망과 혐오, 사랑과 증오, 양전하와 음전하와 같은 용어들이 진정한 의미에서의 양극대립자들이다. 양극 스칼라 대립과 진정한 의미에서의 양극대립

사이에는 세 가지 차이점이 있다.

첫째, 양극 스칼라 대립에서는 한 질서의 양 극단을 표현하지 않는 술어들도 양극적으로 대립할 수 있다. 가장 아름다운 것은 가장 추한 것과 진정한 의미에서 양극적으로 대립한다. 그러나 한 질서의 양 극단을 표현하지 않는 술어들인 꽤 아름다운 것과 꽤 추한 것도 양극적으로 대립하지만, 진정한 의미에서 양극적으로 대립하고 있는 것은 아니다.

둘째, 진정한 의미에서의 양극대립에서는 자연적으로는 아무런 가치가 없는 무차별 영역 혹은 중심축이 되는 구역도 양극대립자들의 질서에 포함된다. 따라서 우리는 좋은 것과 나쁜 것 사이에서 가치중립적인 것을 발견하며, 갈망과 혐오 사이에서 자극에 무관심한 것을 발견하고 사랑과 증오 사이에서 정서상 무관심한 것을 발견한다. 그와 같은 '제로 가치'는 양극 스칼라 대립에서는 전혀 발견되지 않는다. 흑색에서 백색으로 이동할 때 우리는 결코 색이 없는 점을 가로지르지 않는다. (어떤 사람이 임의적으로 회색의 그늘진 부분을 중립적 색이라고 정의하고 그것에 제로 가치를 할당할 수는 있다. 그러나 이것은 가치중립적이고 정서적으로 무관심한 것과 같은 자연적이고 진정한 제로 가치가 아니라 자의적이고 명목적인 제로 가치이다.)

셋째, 이와 관련해서 진정한 의미에서의 양극대립이 속하는 질서들은 본질적으로 양극화되어 있다. 그 반면에 양극 스칼라 대립의 질서들은 그렇지 않다. 사랑, 좋음, 갈망, 양전하

등은 제각기의 질서에서 긍정적 편에 있다. 그 반면에 증오, 나쁨, 혐오, 음전하 등은 부정적 편에 있다. 다른 한편으로 힘과 대머리임은 본질적으로 긍정적인 것도 아니고 본질적으로 부정적인 것도 아니다.

양극 스칼라 대립은 한 질서의 가장 멀리 떨어져 있는 지점들 간의 관계를 담아내는 반면에, 진정한 의미에서의 양극대립은 중립 지점으로부터 확연하게 다른 쪽에 있는 속성들 간의 관계를 담아낸다. 따라서 진정한 의미에서의 양극대립은 무관심한 지점의 양 편에 있는 두 속성들 간의 반대관계라고 정의될 수 있다. 진정한 의미에서의 양극대립과 양극 스칼라 대립은 논리적으로 무관하다. 흑과 백, 대머리와 숱이 많은 머리는 양극 스칼라 대립이지만 진정한 의미에서의 양극대립은 아니다. 왜냐하면 흑과 백, 대머리와 숱이 많은 머리는 중립적인 중추지점을 결여하고 있기 때문이다. 다른 한편으로 -2와 +2, 약간 좋은 것과 약간 나쁜 것은 양극대립이지만 양극 스칼라 대립은 아니다. 최악인 것과 최선인 것은 양극 스칼라 대립임과 동시에 양극대립이다.

제5절 심리적 쾌락과 불쾌

그렇다면 심리적 쾌락과 양극적으로 대립하는 것은 무엇인가? 흔히들 고통이 심리적 쾌락의 양극대립자라고 말한다. 하지만 이러한 주장에 대하여 두 종류의 반론이 가능하다.

첫 번째 반론은 고통이 심리적 쾌락의 양극대립자라는 것을 당연하게 받아들이지만, 고통이 심리적 쾌락의 유일한 양극대립자라는 것을 부인한다. 고통은 그 범위가 너무 좁아서 심리적 쾌락의 양극대립자 모두를 아우를 수 없다. 그 이유는 세 가지이다. 첫째, 고통은 흔히 육체적 감각에 제한된다. 그 반면에 심리적 쾌락은 육체적 쾌락뿐만 아니라 정신적 쾌락도 아우른다. 둘째, 육체적 쾌락에 초점을 맞출 때조차도 육체적 쾌락과 양극적으로 대립하는 많은 것들이 정확하게 고통이라고 명명되지는 않는다. 예를 들어 ~을 하고 싶어 못 견딤, 메스꺼움, 추위를 느낌, 배고픔 등은 고통스러운 사건이 아니지만, 거의 틀림없이 육체적 쾌락과 양극적으로 대립한다. 영국의 현대철학자 러셀(Bertrand Russell, 1872-1970)은 '고통'(pain)이라는 말보다 '불편함'(discomfort)이라는 말을 사용하는 것이 육체적 쾌락에 대립되는 육체적 불쾌의 전 범위를 담아내는 보다 나은 방식이라고 가정한다. 셋째, 이와 관련해서 육체적 쾌락의 반대인 고통에는 전형적으로 싫어지거나 시달리는 것 외에 공통적인 그 무엇인가가 있다. 모든 육체적 고통에는 그것에 고유한 '통증특성'이 공유되지만, 모든 육체적 쾌락에 공유되는 고유한 '쾌락특성'이라는 것은 전혀 없다.

두 번째 반론은 보다 더 근본적이다. 고통은 심리적 쾌락의 양극대립자조차도 아니다. 왜냐하면 고통과 쾌락은 각각 다른 범주에 속하기 때문이다. 따라서 고통과 쾌락은 대립자일 수 없다. 고통은 여타의 다른 감각적 성질들과 동등한 하나의 성질이다. 이와는 대조적으로 쾌락은 일종의 심리적 사건이다. 붉음과 욕망의 대립이 오해에서 비롯된 대립이듯이 흔히 말하는 고통과 쾌락의 대립도 오해에서 비롯된 것이라고 볼 수 있다.

이러한 반론에 대하여 이의를 제기할 수도 있다. 그 중의 한 가지는 이렇다. '고통'이라는 말이 항상 감각적 성질만을 의미하는 것은 아니다. 고통이라는 말은 외연 상 다의적이기 때문에 감각적 성질로서의 고통을 의미하기도 하지만 감각적 경험으로서의 고통을 의미하기도 한다. 하나의 성질이라기보다는 경험으로서 이해된 고통은 쾌락의 반대편에 있는 하나의 극일 수 있다.

이러한 주장에 대하여 다음과 같이 반박할 수 있다. 고통이나 쾌락 둘 다에 엄격한 의미도 있고 느슨한 의미도 있지만, 이 두 의미간의 관계는 각각의 경우에 반대방향으로 나아간다. 즉 엄격한 의미의 쾌락은 심리적 사건을 가리키지만, 파생적으로 이 심리적 사건의 원인 혹은 대상을 명명하기 위하여 '쾌락'이라는 말이 사용될 수도 있다. 엄격한 의미의 고통은 고통을 느끼거나 고통을 당하는 어떤 경험의 원인이거나 대상인 감각적 성질을 가리키는데, 파생적으로 그러한 경험 그 자체를 명명하기 위하여 '고통'이라는 말이 사용될 수도 있다. 어떤 경험(가령 맛있는 음식에 대한 경험)을 '쾌락'이라고 명명하는 것은 자연스럽다. 하지만 열탕에 들어갔을 때의 감각을 열탕에 대한 경험이라고 하지 않고 쾌락이라고 명명하는 것은 매우 부자연스럽다. 우리의 신체 어느 부분에서 경험된 어떤 성질을 고통이라고 부르는 것은 자연스럽다. 하지만 하나의 성질로서의 고통을 겪는 것을 고통이라고 명명하는 것은 그렇게 부르도록 강요당하는 것과 같다. 엄격하게 말하자면 우리는 발에 고통을 가질 수는 있지만 발에 쾌락을 가질 수는 없다. 따라서 엄격한 의미에서 고통과 쾌락은 전혀 양극 대립이 아니다.

요약하자면, 엄격한 의미에서 쾌락과 양극적으로 대립하는 것을 고통이라고 명명해서는 안 된다. 우리는 쾌락의 양극 대립자로서 '불쾌'라는 말을 사용해야 한다. 쾌락과 유사하게 불쾌의 본질적인, 그리고 독특한 속성은 고통스러운 느낌이다. 불쾌는 본성상 고통스러운 심리적 사건이다.

제6절 심리적 쾌락과 무쾌

앞에서 우리가 정의한 바에 따르면 의무사항과 금지사항, 뜨거운 것과 찬 것, 좋은 것과 나쁜 것은 모두 양극대립자들이다. 각각의 경우에 상반되는 술어들은 중립지점으로부터 떨어져 있는 거리가 같다. 의무사항과 금지사항 사이에는 선택사항이 있고, 영상온도와 영하온도 사이에는 0℃가 있으며, 좋은 것과 나쁜 것 사이에는 가치중립적인 것이 있다. 하지만 좋은 것과 나쁜 것은 진정한 양극대립자이지만, 의무사항과 금지사항 및 뜨거운 것과 찬 것은 유사 양극대립자일 뿐이다. 그 이유는 무엇일까?

필연적이라는 속성과 불가능하다는 속성 간의 관계에서와 마찬가지로 의무사항과 금지사항 간의 관계에는 다음과 같은 논리적 동치가 성립한다.

> p는 필연적이다. ↔ p 아닌 것은 불가능하다.
> p는 의무사항이다. ↔ p 아닌 것은 금지사항이다.

그러나 좋다는 속성과 나쁘다는 속성에 대해서는 그와 같은 논리적 동치를 전혀 주장할 수 없다. 존경스럽다는 속성과 비열하다는 속성에 대해서도 그와 같은 논리적 동치를 주장할 수 없다.

> p는 좋다. ↔ p 아닌 것은 나쁘다.
> p는 존경스럽다. ↔ p 아닌 것은 비열하다.

'p는 필연적이다.'라고 말하는 것과 'p 아닌 것은 불가능하다.'라고 말하는 것은 논리적 동치이기 때문에 다음과 같이 주장하는 것이 가능하다. 필연적이라는 속성과 불가능하다는 속성은 근본적으로 다른 두 종류의 양상 속성(혹은 연산자)이 아니라, 때로는 긍정적 보어(補語)로 기능하고 때로는 부정적 보어로 기능하는 같은 종류의 양상 속성이다. 의무 속성(혹은 연산자)에 대해서도 똑같이 주장할 수 있다. 가령 다음과 같이 주장하는 것이 가능하다. 의무사항은 유일하게 순수한 의무 양상이고 p라는 금지사항은 p 아니라는 의무사항이 된다. 만약 이것이 옳다면 의무와 금지, 필연성과 불가능성은 진정한 의미에서 양극적으로 대립하는 것이 아니다. 왜냐하면 그것들은 실제로 별개의 것이 아니기 때문이다. 그러나 가치와 반가치의 경우는 그렇지 않다. 모자는 쓰는 것이 우아하다는 사실은 모자를 안 쓰는 것이 우아하지 않다는 사실과 논리적으로 동치가 아니다. 우아함과 우아하지 않음의 대립은 진정한 대립일 뿐만 아니라 환원될 수 없는 가치상의 차이를 반영하고 있다.

영상 온도와 영하 온도의 대립은 필연적이라는 속성과 불가능하다는 속성의 대립과는 다른 종류의 유사 양극대립이다. 섭씨 영상 2도와 영하 2도가 양극 대립이라는 것은 관습상 그럴 뿐이다. 관습상 영상 2도와 영하 2도를 대립시키는 것은 물의 상태에 따른 것이지 자의적인 것은 아니다. 화씨로 측정된 30도와 34도 역시 단순한 스칼라 대립이다. 1차원적인 어떤 연속체가 있다면, 임의의 어떤 점에 제로 값을 할당할 수 있을 것이다. 그런 다음에 우리는 제로 값의 어느 편에 있는가에 따라서 어떤 값을 양의 값으로 혹은 음의 값으로 정의한다. 여기에서 우리가 알 수 있는 것의 전부는 양극이 자의적이라는 것이다. 동일한 연속체는 상이한 양극적 구조를 부여받을 수도 있고 전혀 부여받지 않을 수도 있다. 온도는 사실상 스칼라 대립자일 뿐이다. 온도의 범위를 양분하는 가운데 우리는 인위적으로 온도를 양극화한다. 그러나 좋다는 속성과 나쁘다는 속성의 경우에는 그렇지 않다. 가치중립적인 것은 관습적으로 가치연속체의 어떤 점에 제로 값을 부여함으로써 존재하게 되는 것이 아니라 가치 공간에서의 진실한, 그리고 자연적인 하나의 점에 상응한다.

의무와 권리, 영상온도와 영하온도는 유사 양극대립인 반면에 좋음과 나쁨처럼 쾌락과 불쾌는 진정한 의미에서의 양극대립이다. 왜냐하면 '수영하는 것은 유쾌하다'와 '수영하지 않는 것은 불쾌하다'는 논리적으로 동치가 아니기 때문이다. 쾌락과 불쾌 사이에 있으면서 쾌락에 무관심한 심리적 상태인 무쾌는 순전히 관습에 의해서 확정되지 않는, 그리고 자의적이지 않은 심리적 사건의 한 유형이다. 무쾌는 쾌락과 불쾌 사이의 진정한 하나의 경계일 뿐만 아니라 자연적인 하나의 경계이다. 무쾌는 독특한 방법으로 쾌락과 불쾌 둘 다에 관련되는 공간을 분할한다. 그렇다면 무쾌란 정확하게 무엇인가?

방금 언급했듯이 쾌락과 불쾌 사이에서 쾌락에 대해서 그

리고 불쾌에 대해서 중립적으로 대립하고 있는 것은 무쾌이
다. 어떤 심리적 사건이 쾌락의 사건도 아니고 불쾌의 사건도
아니라면 그 심리적 사건은 무쾌의 사건이다. 예를 들어 '보
는 것'은 무쾌하다. 무언가를 볼 때 우리는 보통 쾌락에 무관
심한 심리적 상태에 있다.

무쾌에 관한 첫 번째 질문은 우리가 항상 그런 상태에 있
는지 혹은 그렇지 않은지의 여부이다. 무쾌에 관한 두 번째
질문은 그런 상태가 쾌락과 불쾌 둘 다에 관계하는 속성을 결
여하는 단순한 심리적 사건인지 아닌지 혹은 그런 상태가 무
쾌하다는 하나의 독특한 속성을 예증하는 심리적 사건인지
아닌지의 여부이다. 무쾌에 관한 마지막 질문은 무쾌가 쾌-불
쾌 연속체의 중간에 위치하고 있는지 아닌지 혹은 양 끝 중의
어느 하나에 더 가까이 있는지 아닌지의 여부이다.

제7절 무쾌의 존재

유쾌하지도 않고 불쾌하지도 않은 심리적 사건들이 있는
가? 다시 말해서 무쾌는 존재하는가? 무쾌의 존재를 부정하는
사람들은 다음과 같이 주장한다. 일상적인 모든 경험은 언제
나 경미하게나마 유쾌한 것으로서 경험되거나 불쾌한 것으로
서 경험된다. 독일의 현대철학자 브렌타노(Franz Brentano,
1838-1917)는 자신의 저서 『경험적 입장에서의 심리학』에서 다

음과 같이 적고 있다. '쾌락에 대한 미미한 느낌이 빛에 대한 미미한 감각과 연관되어 있다는 것은 부정할 수 없는 사실이다.' 그러나 미미할지라도 빛에 대한 감각이 언제나 유쾌하다는 것에 대해서는 논란의 여지가 있을 수 있다. 왜냐하면 전기-전자 시대를 살고 있는 우리는 어디에나 존재하는 빛에 너무 익숙해서 빛을 보면서도 더 이상 쾌락을 느끼지 않을 수 있기 때문이다.

무쾌의 존재를 받아들이는 논증도 있다. 무쾌가 존재한다고 생각할 수 있는 한 가지 이유는 이렇다. 쾌락으로부터 불쾌에 이르기까지 연속적으로 쾌락과 불쾌를 경험하면서 우리는 쾌락적으로 중립적인 상태를 통과해야 한다. 우리는 반드시 최소한의 쾌락으로부터 최소한의 불쾌에로 직접 비약하지 않는다. 두 개의 사례가 있다.

(사례 1) 목욕탕에 들어갔을 때 '물이 뜨겁다'라는 느낌은 매우 유쾌하다. 시간이 흐를수록 점점 덜 유쾌하게 된다. 때로는 물이 너무 뜨거울 때 불쾌하게 된다. 쾌락으로부터 불쾌에로의 그와 같은 이행을 경험하는 동안에 뜨거운 물에 대한 느낌이 쾌락도 아니고 불쾌도 아닌 때가 충분히 있을 수 있다.

(사례 2) 단순한 멜로디를 처음 듣는 것은 유쾌할 수

있다. 두 번째 듣는 것은 약간 덜 유쾌할 수 있다. 여러 번 듣다보면 마침내 그 멜로디를 듣는 것이 매우 불쾌하게 된다. 첫 번째의 유쾌하게 멜로디를 듣는 것과 마지막의 불유쾌하게 멜로디를 듣는 것 사이에는 무관심하게 멜로디를 듣는 것이 있을 수 있다.

초기의 브렌타노는 무쾌의 존재를 받아들이면서 유쾌한 심리적 상태와 불쾌한 심리적 상태 사이에는 무관심이라는 명확한 심리적 상태가 있다는 것을 당연시한다. 그러나 브렌타노는 무쾌가 유쾌하지도 않고 불쾌하지도 않은 사건으로서 해석되어서는 안 된다고 주장한다. 무쾌는 같은 정도로 유쾌하기도 하고 불쾌하기도 한 사건으로서 간주되는 것이 더 낫다고 그는 말하고 있다. "확실하게 유쾌한 감각과 확실하게 불쾌한 감각 사이에서 발생하는 감각을 차라리 (존 스튜어트 밀을 따라서) 쾌락과 불쾌 중의 어느 것도 다른 것보다 더 우세하지 않은 쾌락과 불쾌의 혼합 감각으로서 묘사하는 것이 더 낫다고 나는 생각한다."

브렌타노의 주장을 요약하면 다음과 같다. 쾌락으로부터 불쾌에로 이동하면서 우리는 결코 유쾌함과 불쾌함을 결여하고 있는 상태를 통과하지 않을 것이다. 유쾌함과 불쾌함이 서로를 보상하는 혼합감정의 상태를 통과할 뿐이다. 여기에서 브렌타노는 유쾌함과 불쾌함의 반대관계를 부인하고 있는 것처럼 보일 수도 있다. 그러나 궁극적으로는 그렇지 않다. 브렌타노가 주장하고 있는 것은 이렇다. 쾌락으로부터 불쾌에로 이동할 적에 유쾌함과 동시에 불쾌한 감각은 동일한 감각이 아니라 부수적인 두 개의 다른 감각이다. 브렌타노는 다음과 같은 예를 들고 있다. 빛이나 밝음에 대한 감각들은 강렬할 때에 훨씬 더 유쾌하다. 그러나 태양을 바라볼 때에는 고통스럽다. 브렌타노는 다음과 같이 주장한다. 빛에 대해서 유쾌했던 동일한 감각이 갑자기 고통스럽게 되었다고 생각하는 것은 잘못이다. 태양을 바라볼 때 우리가 경험하는 고통은 밝음에 대한 여전히 유쾌한 감각과는 구별되는 감각이다. 그러므로 브렌타노의 견해는 이렇다. 심리적 사건을 구성하고 있는 것은 유쾌한 사건이거나 불쾌한 사건 둘 중의 어느 하나이지만, 쾌락과 불쾌를 구성요소로 하여 생기는 사건은 무쾌일 수도 있다. 유쾌하지도 않고 불쾌하지도 않다는 의미에서가 아니라 불쾌함과 마찬가지로 유쾌함도 포함한다는 의미에서 말이다.

우리가 태양을 바라볼 때 불쾌한 것은 빛에 대한 감각이 아니다. 그런 경우에 우리는 결코 무쾌의 상태에 있을 수 없을 것이다. 오히려 우리는 처음에 점점 더 유쾌해지는 심리적 사건을 가진다. 이 심리적 사건은 강렬한 고통이 등장할 때 우리 의식이나 주의(注意)의 배경이 된다. 그러나 핵심은 항상 그렇지는 않다는 것이다. 동일한 감각이 유쾌하기를 그

만두고 불쾌하게 될 때, 무쾌인 동안의 일시적인 사건이 있을
수 있다.

제8절 심리적 사건으로서의 무쾌

우리를 당황하게 하는 하나의 물음이 있다. 무쾌가 단지 유
쾌함과 불쾌함을 결여하고 있는 심리적 사건들에 존립하는지
혹은 무쾌가 순수하고 독특한 어떤 속성을 예증하는지의 물
음이다. 쾌락과 불쾌의 본질적 속성인 유쾌함과 불쾌함은 일
반적으로 독특한 속성들이라고 생각되어 왔다. 쾌락 및 불쾌
와 마찬가지로 무쾌도 무쾌함이라는 독특한 속성을 소유해야
하는가? 혹은 무쾌는 유쾌하지도 않고 불쾌하지도 않은 것만
으로 충분한가?

우리는 이 문제를 다음과 같이 바꾸어 표현해 볼 수 있다.
우리는 매우 유쾌한 것으로부터 적당히 유쾌한 것에로 통과
해 나아갈 수 있다. 그런 단계들은 약간 유쾌한 것과 무쾌한
것 사이에 있는 단계와 같은 종류의 단계인가? 유쾌한 것으로
부터 불쾌한 것에로 이동할 때, 우리는 쾌락에도 관계하고 불
쾌에도 관계하는 동일한 연속체에 머물러 있는가? 혹은 우리
는 어떤 지점에서 여전히 불쾌와 관계하는 연속체로 들어가
지 않는 동안 쾌락 연속체의 밖으로 나가야 하는가? 쾌락에도
관계하고 불쾌에도 관계하는 연속체가 존재하는가? 혹은 쾌

락과 불쾌 사이에 하나의 틈이 존재하는가? 만약 어떤 것의 무게가 0kg이라면, 그것은 전혀 무게를 가지지 않는다. 만약 어떤 것의 온도가 섭씨 0도라면, 그것은 온도를 가진다. 쾌락은 무게와 유사한가? 혹은 온도와 유사한가? 다시 말해서 무쾌는 쾌락에도 관계하고 불쾌에도 관계하는 무게의 상태인가? 혹은 쾌락에도 관계하고 불쾌에도 관계하는 0도의 상태인가?

이미 살펴보았듯이, 쾌락과 불쾌가 양극대립자이기 위해서는 쾌락과 불쾌가 무관심이라는 중추(中樞)의 주위에 매달려 있어야 한다. 즉 쾌락과 불쾌가 양극대립자이기 위해서는 무쾌가 쾌락과 불쾌 사이에 존재해야 한다. 무쾌가 유쾌함도 결여하고 불쾌함도 결여하는 심리적 사건이라면, 무쾌가 유쾌함과 불쾌함의 중간에 자리 잡는 것을 근거지우는 것은 아무 것도 없을 것이다. 그 이유는 무엇일까?

쾌락은 강도가 가장 강한 것으로부터 가장 약한 것에 이르기까지 순서가 정해져 있다. 왜냐하면 지극히 강렬한 쾌락은 약간 강렬한 쾌락보다는 매우 강렬한 쾌락과 유사하기 때문이다. 불쾌에 대해서도 똑같이 주장할 수 있다. 어떻게든 무쾌는 이 공간에서 매우 약한 쾌락과 매우 약한 불쾌와의 유사성에 의해서 자신의 장소를 발견해야 한다. 그러나 유쾌함도 결여하고 불쾌함도 결여하는 심리적 사건으로 해석된 무쾌는 강렬한 쾌락이나 강렬한 불쾌와 유사한 것 이상으로 매우 약한 쾌락이나 매우 약한 불쾌와 유사하지 않다.

이것을 도덕적 가치에 비유해 보자. 도덕적 가치를 결여하고 있는 어떤 것(가령 한 조각의 치즈)은 최고의 도덕적 선을 축적하고 있는 사물에 보다 더 가까이 있는가? 혹은 아주 낮은 정도로만 도덕적으로 선한 사물에 보다 더 가까이 있는가? 이 물음은 거의 의미 없는 물음이다. 유쾌함도 결여하고 불쾌함도 결여하는 심리적 사건으로서 해석된 무쾌에 대해서도 똑같이 주장할 수 있다. 만약 무쾌가 쾌락에도 관계하고 불쾌에도 관계하는 어떤 속성을 결여하고 있다면, 무쾌가 강렬한 쾌락보다는 매우 약한 쾌락에 보다 더 가까이 있다는 것은 참이 아니다. 왜냐하면 무쾌가 쾌락에도 관계하고 불쾌에도 관계하는 어떤 속성을 결여하고 있다면, 무쾌는 쾌-불쾌 질서의 바깥에 있기 때문이다. 결과적으로 유쾌함도 결여하고 불쾌함도 결여하는 심리적 사건으로 해석된 무쾌는 쾌-불쾌 공간의 중추가 될 수 없다.

따라서 무쾌하다는 것은 유쾌하다는 것이나 불쾌하다는 것과 동등한 자격으로 쾌-불쾌의 공간을 구성하고 있는 하나의 진정한 속성으로서 간주되어야 한다. 다시 말해서 무쾌함이 유쾌함과 불쾌함의 공간 안에 존재하기 위해서는 무쾌함이 독특한 하나의 속성이어야 한다. 그럴 경우에만 무쾌가 매우 약한 쾌락과 매우 약한 불쾌 사이에 존립하고 있다고 말해질 수 있다. 왜냐하면 무쾌는 강렬한 쾌락이나 강렬한 불쾌와 유사한 것 이상으로 매우 약한 쾌락이나 매우 약한 불쾌와 유사하기 때문이다.

이상에서 살펴본 바와 같이 쾌-불쾌 공간의 양극구조를 설명하기 위해서는 무쾌하다는 속성이 쾌락의 단순한 결여나 부재 이상이어야 한다. 결과적으로 심리적 사건 중에는 유쾌한 것도 있고 불쾌한 것도 있고 무쾌한 것도 있게 된다.

제9절 쾌-불쾌 공간과 무쾌의 위치

무쾌에 대해서 제기된 마지막 물음은 무쾌가 쾌-불쾌 공간의 가운데에 놓여 있는지의 여부이다. 말하자면, 무쾌의 왼쪽에 더 많은 쾌락이 있는가, 아니면 무쾌의 오른 쪽에 더 많은 불쾌가 있는가? 혹은 무쾌의 양 편에 동등한 양의 쾌락과 불쾌가 있는가?

염세주의자들은 쾌락 쪽에는 최악의 고통과 맞먹는 것이 아무 것도 없다고 주장한다. 반대로 낙관주의자들은 언제나 어떤 고통도 가장 강렬한 기쁨을 상쇄할 수 없었다고 주장한다. 독일의 현대철학자 하르트만은 보다 더 미묘한 낙관주의적 답변을 내비친다. 그러나 하르트만은 무쾌에 대하여 말하지 않고 가치등급에서의 무관심 지점에 대하여 말하고 있다. 선이 악보다 더 강한가? 혹은 역으로 악이 선보다 더 강한가? 일단은 염세주의가 옳은 것처럼 보이지만, 하르트만은 가치의 서열에 의존하여 온건 낙관주의를 옹호한다. 그는 어떤 가치

유형이 다른 어떤 가치유형보다 더 위에 있다는 견해에 동의한다. 도덕적 가치, 미적 가치, 인식적 가치 등과 같은 가치의 유형을 특징짓는 것은 가치의 서열이다. 가치의 서열을 가치의 정도와 혼동해서는 안 된다. 한 유형의 확정적 가치를 특징짓는 것이 가치의 정도이다. 예를 들어 '정의는 우아함보다 더 중요하다.'라는 문장은 정의와 우아함의 상대적 가치 서열에 관한 진술이다. 그 반면에 '철수는 동수보다 더 우아하다.'라는 문장은 철수와 동수의 우아함의 상대적 가치 정도에 관한 진술이다. 하르트만은 다음과 같이 말하고 있다. "보다 더 서열이 높은 가치는 무관심 지점보다 더 위에 있고, 보다 더 서열이 낮은 가치는 무관심 지점보다 더 아래에 있다."

만약 우리가 보다 더 서열이 높은 쾌락과 보다 더 서열이 낮은 쾌락 간의 구별을 받아들인다면, 우리는 하르트만의 낙관주의적 가정을 쾌락에도 관계하고 불쾌에도 관계하는 영역에로 위치를 바꿔놓을 수 있다. 이것이 의미하는 바는 다음과 같다. 보다 더 서열이 높은 쾌/불쾌에 있어서 가장 강렬한 쾌락은 '무관심 지점'(무쾌)의 위쪽으로 가장 멀리 떨어져 있다. 그 반면에 가장 강렬한 불쾌는 무관심 지점의 바로 아래쪽에 놓여 있다. 다른 한편으로 보다 더 서열이 낮은 쾌/불쾌의 경우에는 가장 강렬한 쾌락이 단지 무관심 지점을 약간 넘어서 있을 뿐이다. 그 반면에 가장 강렬한 불쾌는 무관심 지점 아래쪽으로 멀리 떨어져 있다.

미적 쾌락이 신체적 쾌락보다 더 높은 서열을 차지한다고 가정해 보자. 그렇다면 낙관주의자들이 주장하는 것은 다음과 같다. (1)가장 강렬한 긍정적 미적 경험은 가장 강렬한 부정적 미적 경험이 불쾌한 것보다 훨씬 더 유쾌하다. 나쁜 음악을 듣는 것이 아무리 불쾌하다 하더라도 그 불쾌함은 절댓값에 있어서 아름다운 협주곡을 가장 강렬하게 향유할 때 축적되는 유쾌함에 결코 견줄 수 없을 것이다. (2)반대로 신체적 쾌락의 경우에는 최악의 고통은 언제나 절댓값에 있어서 최고의 쾌락이 유쾌한 것보다 더 불쾌할 것이다. 예를 들어 우리는 훌륭한 마사지를 즐기는 이상으로 강렬한 고통을 겪는다.

제10절 요약

철학의 역사에서는 쾌락을 고통과 대립시키는 경우가 종종 있었다. 하지만 고통과 쾌락은 각각 다른 범주에 속한다. 고통은 여타의 다른 감각적 성질들과 동등한 하나의 감각적 성질이다. 그 반면에 쾌락은 일종의 심리적 사건이다. 붉음과 욕망의 대립이 오해에서 비롯된 대립이듯이, 고통과 쾌락의 대립도 오해에서 비롯된 것이라고 볼 수 있다.

쾌락과 본성상 반대관계에 있는 것은 고통이 아니라 불쾌와 무쾌이다. 불쾌는 쾌락의 양극대립자이고, 무쾌는 쾌락과 불쾌의 중립적 대립자이다. 쾌락과 불쾌의 양극대립은 중립

지점(무쾌)의 양 편에 있는 반대속성들 간의 논리적 관계이다. 쾌락과 불쾌가 양극 사이의 공간을 조직할 수 있는 것은 바로 무쾌의 존재 때문이다. 이 구조상의 역할을 수행하기 위해서 무쾌는 쾌락도 아니고 불쾌도 아닌 것 이상의 그 무엇이어야 한다. 다시 말해서 무쾌는 쾌락이나 불쾌와 마찬가지로 독특한 종류의 심리적 사건이어야 한다.

참고문헌

1. Aristippos

Cicero, *The Ancient Greek Philosophers*, 'Aristippus', Trans. by C. D. Yonge, London, Henry & Bohn, no date.

Crote, C., *Plato and Other Companions of Socrates*, 3 vols., 3rd edition, 1875.

Diogenes Laertius, *Lives of the Philosophers*, 'Aristippus', Literally Translated by C. D. Yonge, London, Henry & Bohn, 1853.

Guthrie, W. K. C., *A History of Greek Philosophy*, Volume III : The Fifth Century Enlightenment, Cambridge University Press, 1969.

Mannebach E., ed. *Aristippi et Cyrenaicorum Fragmenta*, Leiden, 1961.

Plutarch, *Moralia*, the Everyman edition, Phileman Holland's 16th century translation and Introduction by E. H. Blackency, 1911, reprinted 1936.

2. Epikuros

Cicero, *De Finibus*, II, 9-10. tr. Long and Sedley.

Epicurus, *Letter to Menoeceus*, printed in *Greek and Roman Philosophy after Aristotle*, edited by Jason Saunders, New York, London, The Free Press, 1966.

Fred D. Miller, Jr., "Epicurus on the Art of Dying", *Southern Journal of Philosophy* 14, 1976.

George Santayana, *Three Philosophical Poets*, Cambridge, MA : Harvard University Press, 1922.

Gosling, J. C. B. and Taylor, C. C. W., *The Greeks on Pleasure*, Oxford : Oxford University Press, 1984.

John M. Rist, *Epicurus : An Introduction*, Cambridge : Cambridge University Press, 1972.

John M. Rist, "Pleasure : 360-300 B.C.", *Phoenix* 28, 1974.

Julia Annas, "Epicurus on Pleasure and Happiness," *Philosophical Topics* 15, 1987.

Philip Merlan, *Studies in Epicurus and Aristotle*, Wiesbaden, Germany : Otto Harrassowitz, 1960.

Phillip Mitsis, "Epicurus on Death and the Duration of Life," in *Proceedings of the Boston Area Colloquium on Ancient Philosophy*, vol. 4, ed. by J. J. Cleary, Lanham, MD : University Press of America, 1988.

Phillip Mitsis, *Epicurus' Ethical Theory*, Ithaca, NY : Cornell University Press, 1988.

에피쿠로스, 『쾌락』, 오유석 역, 문학과지성사, 1998.

3. J. Bentham and J. S. Mill

Bain, Alexander, *John Stuart Mill ; A Criticism : With Personal Recollections*, Longmans, London, 1882.

Bentham, Jeremy, *The Rationale of Reward*, in *The Works of Jeremy Bentham*, ed J. Bowring edition, Edinburgh, Tait, 1843.

Bentham, Jeremy, *An Introduction to the Principles of Morals and Legislation*, Clarendon Press, Oxford, 1996.

Harrison, Ross, *Bentham*, Routledge & Kegan Paul, London, Boston, Melbourne and

Henley, 1983.

Locke, John, *An Essay concerning Human Understanding*, Clarendon Press-Oxford, New York, 1975.

MacIntyre, Alasdair, *A Short History of Ethics*, University of Notre Dame Press, Indiana, second edition, 1998.

Mill, John Stuart, *Autobiography*, Harmonsdsworth, Penguin Books, London and New York, 1989.

Mill, John Stuart, *Bentham*, In *The Collected Works of John Stuart Mill*, Vol. X, Essays on Ethics, Religion and Society, University of Toronto Press, Routledge & Kegan Paul, 1969.

Mill, John Stuart, *A System of Logic*, The Collected Works of John Stuart Mill, University of Toronto Press, Routledge & Kegan Paul, Vol. VII, 1974.

Mill, John Stuart, *Utilitarianism*, The Collected Works, Vol. X, 1969.

Moore, George Edward, *Principia Ethica* (1903), Cambridge University Press, New York, 1992.

Raphael, D. Daiches, "Fallacies in and About Mill's Utilitarianism", *Philosophy*, vol. 30, 1955, pp. 344-357.

Rosen, Frederick, *Classical Utilitarianism from Hume to Mill*, Routledge, London and New York, 2003.

Ryan, Alan, "Moving on from Bentham: Quantity and Quality", *Utilitarianism*, Third Lecture,

Sandel, Michael, *Justice, What's the Right Thing to do?*, Penguin Books, Harmonsworth, 2010.

Sidgwick, Henry, *The Methods of Ethics*, Macmillan, 1907, Hackett, Indianapolis, 1981.

Wilson, Fred, *Psychological Analysis and the Philosophy of John Stuart Mill*, University of Toronto Press, Toronto, Buffalo, London, 1990.

제러미 벤담, 『도덕과 입법의 원리 서설』, 고정식 역, 나남출판, 2011.

존 스튜어트 밀, 『공리주의』, 서병훈 역, 책세상, 2007.

4. Aristoteles

The Ethics of Aristotle, Greek text edited with an introduction and notes by J.
     Burnet, Methuen & Co, London, 1900.

Aristoteles : Nikomachische Ethik, Auf der Grundlage der Übersetzung von E. Rolfes
     herausgegeben von G. Bien, Felex Meiner Verlag, Hamburg, 1972.

Aristotle : The Nichomachean Ethics, A Commentary by the late H. H. Joachim,
     Edited by D. A. Rees, Greenwood Press, Westport, 1952.

Aristotle : The Nichomachean Ethics, translated with introduction and notes by Martin
     Ostwald, Macmillan Publishing Company, New York, 1962.

The Cambridge Companion to Aristotle, edited by Jonathan Barnes, Cambridge
     University Press, Cambridge, 1995.

Urmson, J. O., "Aristotle on Pleasure", In *Aristotle : A Collection of Critical Essays*,
     edited by J. M. E. Moravcsik, University of Notre Dame Press, Notre
     Dame, 1967, pp. 323-333.

Hardie, W. F. R., *Aristotle's Ethical Theory*, Clarendon Press, Oxford, 1968.

Jancer, B., *The philosophy of Aristotle : A Critical Guide to Appreciation of Background,
     Meaning, and Impact*, Monarch Press, New York, 1966.

Liddell, H. G. and Scott, R., *Greek-English Lexicon*, Clarendon Press, Oxford, 1968.

Peters, F. E., *Greek Philosophical Terms : A Historical Lexicon,* New York University
     Press, New York, 1967.

Ross, W. D., *Aristotle*, Methuen & Co., London, 1971.

아리스토텔레스, 『니코마코스 윤리학』, 김재홍, 강상진, 이창우 역, 길, 2011.

전재원, 「쾌락에 관한 아리스토텔레스의 논증」, 『철학연구』 제74집, 대한철학회, 2000.

전재원, 『10개의 키워드로 이해하는 아리스토텔레스 철학』, 역락, 2012.

5. A Logical Analysis of Pleasure-Pain Relation

Alston, W., "Pleasure", In *The encyclopedia of philosophy*, ed. P. Edwards, New York : Macmillan, 1967.

Balashov, Y., "Zero-value physical quantities", *Synthese* 119 : 253 - 286, 1999.

Barnes, J., "The law of contradiction", *The Philosophical Quarterly* 19 : 302, 1969.

Brentano, F., *Untersuchungen zur Sinnespsychologie*. Meiner Verlag, 1979.

Brentano, F., *Psychology from an Empirical Standpoint*, L. McAlister, ed. London : Routledge, trad. A. C. Rancurello, D. B. Terrell, L. L. McAlister, 1995.

Edwards, R. B., "Do pleasures and pains differ qualitatively?", *The Journal of Value Inquiry* 9 : 270 - 281, 1975.

Geach, P. T., "Contradictories and contraries". *Analysis* 29 : 187, 1969.

Hartmann, N., *Ethics*. 3 vols. London : George Allen & Unwin Ltd. New York : The Macmillan Company, Trad. Stanaton Coit, 1932.

Hume, D., *A treatise of human nature*, ed. D. Norton and M. Norton. Oxford : Oxford University Press, 2000.

Kant, I., *Anthropology from a pragmatic point of view*. Cambridge : Cambridge University Press, 2006.

Klocksiem, J., "Pleasure, Desire and Oppositeness", *Journal of ethics and social philosophy*, 2010.

Marshall, H., *Pain, pleasure and aesthetics*, London : Macmillan, 1894.

Mezes, S. E., "Pleasure and pain defined", *The Philosophical Review* 4 : 22, 1895.

Plato, *Philebus*, Hackett Publishing Co, Inc., 1993.

Russell, B., *The analysis of mind*, London : Routledge, 1995.

Ryle, G., "Pleasure", *Proceedings of the Aristotelian Society* 28 : 135 - 146, 1954.

전재원, 「심리적 쾌락 개념에 대한 논리적 분석」, 『철학논총』 제87집, 새한
　　　철학회, 2017.